À prova de tudo
como enriquecer em tempos de crise

RODRIGO MONTINI

Dados Internacionais de Catalogacão na
Publicacão (CIP)
(Câmara Brasileira do Livro, SP, Brasil)

Montini, Rodrigo
    A prova de tudo : como enriquecer em tempos de
crise / Rodrigo Montini. -- Brasília, DF :
Ed. do Autor, 2022.

    ISBN 978-65-00-40552-1

1. Comportamento - Análise 2. Dinheiro -
Administracão 3. Educacão financeira 4. Financas
pessoais 5. Investimentos 6. Prosperidade
I. Título.

22-102947   CDD-332.4

Indices para catalogo sistematico:

1.Dinheiro: Gerenciamento das financas: Economia
        financeira 332.4

Aline Graziele Benitez - Bibliotecária - CRB-1/3129

"Beba água onde o cavalo bebe. Um cavalo nunca bebe água ruim.

Faça sua cama onde o gato dorme pacificamente.

Colha os cogumelos sem medo onde os insetos pousam.

Plante uma árvore onde a toupeira cava.

Construa uma casa onde as cobras se aquecem.

Cave um poço onde os pássaros se escondem do calor.

Vá dormir e levante-se ao mesmo tempo que os pássaros, você colherá os grãos de ouro da vida.

Coma mais verde, você terá pernas fortes e um coração resistente, como a alma da floresta.

Olhe para o céu com mais frequência e fale menos, para que o silêncio entre em seu coração, seu espírito fique calmo e sua vida se encha de paz "

Serafim de Sarov (1754-1833)

Dedico este livro a todos aqueles que querem ser livres financeiramente, pois isto é mais que um desejo material, é um estilo de vida. A liberdade financeira é muito mais do que apenas dinheiro, é a liberdade imaterial de fazer as escolhas sem ter que buscar aprovação da sociedade, da família e das circunstâncias.

Prefácio

Indo na contramão dos autores convencionais, geradores de conteúdo ou editoras, eu optei por trazer as informações deste livro de maneira direta e sem enrolação, o que na minha visão, valoriza o tempo do leitor e o trata com respeito. Este é um dos motivos que me levaram a fazer a publicação deste livro de forma independente, recusando convite de algumas editoras por não estar de acordo com suas diretrizes. Para mim, é mais importante levar o conteúdo de forma simples e objetiva a você leitor, do que ter uma maior visibilidade proporcionada pelas vitrines editoriais, já que isto traz um custo de ter que produzir mais páginas com conteúdo irrelevante para atender os requisitos impostos pelas editoras.

De encontro a toda a objetividade que prezo, este prefácio servirá de sinopse deste livro, passando por todos os capítulos e apresentando à você de forma transparente todo o conteúdo nele existente.

Na introdução, inicia-se a preparação do leitor para uma mudança de consciência, colocando você no caminho de seus objetivos através de indagações que farão com que quebre certos paradigmas a respeito do dinheiro. Tudo isso também servirá de base para o primeiro capítulo, chamando Mindset.

O primeiro capítulo, denominado Mindset, apresenta o estudo de Carol Dweck e sua definição sobre o modelo mental que cada indivíduo possui. Nesse primeiro capítulo será possível entender quais atitudes estão relacionadas ao modelo mental das pessoas que tem sucesso e quais atitudes estão relacionadas ao modelo mental das pessoas que fracassam. Além de apresentar o conceito de Carol, este capítulo mostra como você deve iniciar o seu processo de mudança de mindset, como trilhar o caminho das pedras e como vencer o medo de se arriscar, preparando você para iniciar sua jornada convicto do que precisa ser feito.

No segundo capítulo, intitulado Organização Financeira, iniciamos a parte prática do livro, ensinando o leitor sobre controle financeiro empresarial e controle financeiro pessoal, de forma simples e com instruções claras de como ele pode aplicar este controle em sua vida e começar a gerar imediatamente os resultados que espera.

A parte mais empolgante - para quem gosta de investir - ficou a cargo do terceiro capítulo denominado Investimentos, que explica os principais tipos de investimento e orienta sobre siglas comuns utilizadas no meio. Também serão apontados os riscos de cada tipo de investimento e será explicada qual a melhor escolha para se investir de acordo com o momento de vida que cada um se encontra. As orientações deste capítulo seguem sugerindo os investimentos de forma estruturada para que favoreçam ao máximo o leitor na conquista de sua independência financeira. Em contraposição, serão apontadas reflexões de como a escolha de investimentos em momentos errados podem atrapalhar a sua jornada.

A produtividade talvez seja o maior diferencial das pessoas de sucesso e por este motivo eu dediquei um capítulo inteiro ao tema, colocando as principais estratégias que utilizo em meus projetos, à sua disposição. Por isso, no quarto capítulo, que leva o nome Produtividade, eu apresentarei técnicas de planejamento, motivação e execução que me levaram ao sucesso, compilando conceitos de empresários de alta performance que foram testados ao longo de sua trajetória e lapidados por sua experiência.

Para auxiliar você leitor a conquistar sua liberdade financeira, servindo de suporte nas ações e escolhas que você deverá tomar em sua jornada, eu separei um grupo de ferramentas que eu chamo de seu "canivete suíço", termo que dá nome ao quinto capítulo. Nele, eu trarei a importância e a necessidade de que você tenha a capacidade de adaptação diante as adversidades. Você compreenderá como construir a antifragilidade que o sucesso requer, entenderá o poder dos gatilhos mentais da lei da atração – e se de fato existem- bem como outros conceitos famosos como a lei da reciprocidade, a lei do retorno e o método da autoafirmação. Desmistificarei o mito da liderança, demostrarei a utilização equivocada do conceito de ócio criativo e mostrarei pelo exemplo a importância do network para que você alcance o seu sucesso.

Sumário

Introdução

Ter sucesso financeiro e mudar de vida é um desejo em comum para a maior parte das pessoas e não há nada de errado nisso, mas o que torna este objetivo inalcançável para a maioria delas? Talvez esta não seja uma resposta tão simples como os "gurus" do *business* dizem. Está claro que apenas contar uma história de sucesso não faz com que as outras pessoas também alcancem esse mesmo resultado. Ter sucesso está além dos limites de frases motivacionais, histórias de superação e até mesmo do trabalho duro. O sucesso está numa modificação real de consciência, uma mudança de hábitos, de *mindset*, de direcionamento na vida e de fazer duras escolhas.

Contudo, o desejo de ter sucesso é o primeiro passo no caminho da mudança, mesmo que por si só esse desejo não gere materialidade na vida de quem o possui. Se você chegou até aqui, a boa notícia é que o primeiro passo já foi dado e ao longo deste livro você verá muito mais que um uma história clichê. Você terá acesso a um conhecimento efetivo para conquistar seu objetivo, pois este livro foi criado única e exclusivamente para que você obtenha a sua liberdade financeira.

Para construirmos este caminho juntos será preciso fazer pequenas mudanças na forma de pensar, que terão grande impacto na sua construção de uma nova visão sobre o mundo. Esta é a visão que permitirá a você absorver e aplicar o conhecimento que veremos neste livro.

O primeiro capítulo deste livro trata sobre *mindset* e a importância da mudança em seu direcionamento, pois, sem mudarmos a forma de pensar, nada se torna possível, já que algo tende a fracassar se não acreditamos no que estamos fazendo. Assim que mudamos nossos pensamentos, os objetivos ficam mais claros e se torna mais fácil estarmos motivados a colocá-los em prática, gerando assim um ciclo benéfico e que se autoalimenta. A mudança de pensamento gera clareza, que gera a motivação e a motivação gera execução, da execução vem o resultado que reforça a mudança e assim o ciclo está formado.

Apesar de uma estrutura simples e de fácil entendimento, a formação deste ciclo depende de esforço e de muita força de vontade. Isso é importante principalmente neste primeiro momento, que envolve a mudança no pensar, porque naturalmente podem ocorrer conflitos com valores já enraizados em nós, tornando mais difícil romper com quem somos hoje. Estes pensamentos e valores, em sua maioria, foram criados pela sociedade com base em sua cultura e absorvidos por nós durante nossa criação e reforçados a cada dia pelo meio em que vivemos. Um meio que, financeiramente falando, está diretamente ligado à nossa classe social e é por este ângulo que nos inclinamos a ver as coisas. Para tornarmos mais claro este entendimento podemos usar exemplos comuns no Brasil e talvez você já tenha ouvido alguns destes termos como "todo pobre é ladrão", ou "bandido é vítima da sociedade", ou "todo rico é ladrão" etc. Mesmo que você não concorde com eles, eles existem e foram criados pela sociedade e pode ter certeza de que muitas pessoas acreditam nesses conceitos preconcebidos.

Essa oposição marcada de pensamentos acontece pela classe social. Em outras palavras, mais provavelmente um rico pode achar que "todo pobre é ladrão", do que achar que "todo rico é ladrão". E o mesmo acontece com um pobre que, provavelmente, pode achar que "todo rico é ladrão" ao invés de achar que "todo pobre é ladrão. Perceba que estamos falando única e exclusivamente da ótica de classe social, estamos falando do ponto de vista de ter mais ou menos dinheiro. Então não estamos considerando aqui riquezas imateriais como felicidade, saúde, satisfação etc. E quando conseguimos nos desgrudar destes tipos de valores as portas se abrem, pois podemos transitar entre ricos e pobres sem problemas.

Como estamos partindo de um ponto e buscando ascender financeiramente, temos que trabalhar na mudança de ótica onde temos valores equivocados sobre ser rico. Pode parecer um pouco óbvio e até desconfortável tratarmos deste tema, pois alguém dificilmente se julgará preconceituoso, seja rico ou pobre, mas é preciso fazermos esta reflexão e, caso haja algo a mudar, que assim seja feito. Há um paradoxo sobre ser rico no Brasil, onde boa parte da sociedade deseja ter tal condição social e ao mesmo tempo, não vê com bons olhos as pessoas ricas - lembrando que este pode não ser o seu caso, e se não for então comemore, pois você já deu mais um passo rumo ao seu objetivo. Afinal, você não irá se tornar rico se você não tem apreço por pessoas que são ricas, pelo simples fato de que se não acreditamos no que estamos fazendo, o fracasso é certo e inevitável. Neste conjunto de valores entre pobres e ricos, obviamente existem exceções e são justamente as pessoas que fogem a regra que obtém sucesso, por isto é tão importante a necessidade de mudança de pensamento.

Este foi um pequeno exemplo do começo de tudo e nele podemos experimentar um pouco do incômodo que a mudança de pensamento gera e inevitavelmente, será o primeiro e mais difícil obstáculo a vencermos. Se você pôde refletir de forma sincera sobre o exemplo acima e se sentiu incomodado por ter que mudar algo, ou confiante por já ter dado mais um passo, esta breve introdução serviu a seu propósito e podemos prosseguir em nossa jornada rumo a sua liberdade!

Capítulo 1 - *Mindset*

O que é *Mindset*:

Mindset é o modo de uma pessoa pensar ou seu modelo mental. O *mindset* é o que determina como nossos pensamentos se tornam ações que geram impactos em nossa vida, por isto a enorme relevância do tema atualmente. A professora Carol Dweck da universidade de Stanford concluiu, por meio de sua pesquisa, que temos dois tipos de *mindset* e somente um deles está ligado ao sucesso. Ela denomina estes dois tipos como grupos de pessoas de *mindset* (ou mentalidade) fixa e pessoas de *mindset* (ou mentalidade) de crescimento progressivo e explica suas particularidades no livro Mindset - A nova psicologia do sucesso - 2014. Ao experimentar as ideias propostas por Carol, encontrei-me profundamente incomodado com tamanha assertividade de suas palavras, pois ela conseguiu agrupar todas as pessoas em apenas dois grupos, independente de quão diferente cada indivíduo possa ser. Segundo o estudo, as pessoas com mentalidade fixa acreditam que nasceram com uma quota de inteligência que não irá mudar e errar para elas é algo insuportável, e seguindo esta crença limitante elas tendem a evitar desafios e experiências novas com medo de parecerem menos inteligentes. Já as pessoas com mentalidade de crescimento progressivo acreditam que sua inteligência melhora cada vez mais pela aprendizagem, e que o caminho do sucesso está no resultado do seu esforço e busca do conhecimento. Como podemos deduzir, a mentalidade que está ligada ao sucesso é a de crescimento progressivo e por si só ela se justifica, já que pessoas que se permitem arriscar tem sempre mais opções de escolha e uma probabilidade maior de acertar, além de acumularem mais experiências.

Apesar de ser uma classificação um pouco dura basicamente dividir o mundo em pessoas que não fazem nada por medo e em pessoas que são destemidas e motivadas, perceba que é inevitável que seja assim. Mas não há motivos para desespero, pois estar em um grupo ou outro não é uma sentença e sim um estado, ou seja, estamos falando de estar e não de ser. Entender que você está em um destes grupos é fundamental e reconfortante, pois assim sabemos que é possível mudar e não quer dizer que estamos fadados ao fracasso se estivermos com uma mentalidade atual fixa. Agora que você sabe o suficiente sobre *mindset,* cabe a você fazer uma reflexão de forma honesta e responder em qual grupo você está atualmente. Se você se identificou mais com o grupo de pessoas de mentalidade de crescimento progressivo, parabéns, provavelmente você já deve desfrutar de algumas conquistas em sua vida ou ao menos de uma bagagem de experiências. Agora se você se identificou com o grupo de pessoas com mentalidade fixa, não desanime, use isto a seu favor como combustível para a mudança, não é uma missão fácil, mas é a melhor e mais recompensadora decisão que você pode tomar a seu favor.

Como iniciar o processo da mudança:

Ao saber em qual grupo você se encontra já é o início da mudança e, apesar de parecer algo abstrato saber o que exatamente devemos mudar, não há outra forma de começar, não há um *script* ou receita pronta, apenas há a opção de movimentar-se e buscar aprender. Como Carol ainda classifica em seu livro, a principal característica de uma pessoa de mentalidade fixa é o medo de encarar algo novo e isto limita o aprendizado ou a busca por conhecimento, e de forma contrária, quem tem a mentalidade de crescimento progressivo está sempre em busca de aprendizado.

Então, podemos dizer que o melhor modo de começar a mudança é buscar sair da inércia e aprender algo que esteja relacionado ao seu objetivo. A escolha deste livro, por exemplo, é uma atitude de romper a inércia e buscar o conhecimento que irá lhe ajudar no seu objetivo. A mudança gera ruptura e para se tornar quem se quer ser é necessário romper com quem você é atualmente. Não se conforme com a realidade que paralisa você.

Alinhar seus objetivos:

Agora que já sabemos como iniciar a mudança e que ela precisa de um direcionamento, de nada adianta apenas iniciar um aprendizado que não está minimamente relacionado ao que você deseja. É necessário ter os objetivos claros. A escolha de começar algo a esmo custa muito caro, pois estamos falando de tempo e tempo é algo que você não recupera, tempo é o bem mais precioso que qualquer pessoa tem, diferentemente de dinheiro e bens materiais que podemos recuperar em caso de perdas. Invista em uma pesquisa sobre seus objetivos, organize-os e escreva-os em um lugar visível de maneira clara.

Medo de arriscar e medo de errar:

A segunda barreira a ser vencida na mudança de *mindset,* é vencer o medo. Apesar de parecer que o medo é a primeira barreira a ser vencida, na verdade ele é a segunda, porque a primeira é a dolorosa missão de se reconhecer em qual grupo se está e isto precisa ser feito de forma muito honesta, como você já sabe. Caso você não tenha isso claro em sua mente ainda, sugiro investir mais um tempo em seu diálogo interno e depois retornar a este ponto do livro para prosseguirmos. Mas se você já fez suas considerações e já tem esta resposta, vamos adiante.

O medo é o sentimento mais prejudicial para quem está com uma mentalidade fixa, é ele que inibe todos os sonhos e congela as ações destas pessoas, fazendo com que qualquer esperança de mudança seja rapidamente colocada para fora ao menor sinal de risco. Mas não é medo de algo físico, algo que machuque de forma material, mas sim o medo da vergonha, medo da exposição diante de um fracasso ou de parecer frágil diante de uma situação que não se domina muito bem ainda.

A primeira ferramenta que devemos saber usar contra o medo é ter plena consciência que não somos obrigados a ter todas as respostas. Apesar de ser algo óbvio, quando nos tornamos adultos temos medo de não ter uma resposta para algo. Quando somos abordados com uma situação a qual não dominamos, nos inclinamos a ao afastamento verbal da situação ou acabamos emitindo opiniões vazias sobre um tema que não temos a menor ideia do que é, ao invés de apenas dizer: não sei muito a respeito, mas posso aprender sobre!

A segunda ferramenta é se conhecer e aceitar sua real condição sobre uma circunstância de aprendizado. O aprendizado, seja em qualquer esfera do saber, é separado em níveis, mesmo que não tenham sido classificados formalmente como em uma universidade ou curso, como é o caso do conhecimento das experiências de vida. Em ambas as situações, seja em um conhecimento estruturado e em um não estruturado, cada indivíduo está em um nível de conhecimento a respeito de algo. Saber qual nível de conhecimento você tem de algo e aceitar sua condição atual é libertador, pois responde prontamente quando sentimos um medo infundado de reconhecer que estamos neste nível.

Para tornar isto mais claro, podemos utilizar o exemplo do técnico de futebol Joel Natalino Santana, ou apenas Joel Santana, como ficou conhecido nacionalmente. Em 2009 Joel foi demitido do Flamengo após uma série de derrotas o que o levou a procurar novas possibilidades fora do país e a comandar a equipe técnica da África do Sul. Este não é o mérito que vamos utilizar de exemplo, mas foi o que motivou o real mérito. Ao se ver em país estrangeiro, a trabalho e coordenando uma equipe de jogadores profissionais, Joel Santana se viu obrigado a aprender uma nova língua para ele, no caso o inglês. Com a visibilidade da Copa das Confederações e chefiando uma seleção mundialmente conhecida, uma série de entrevistas na TV aberta era inevitável. A sua falta de conhecimento e adaptação incompleta com a língua inglesa, naturalmente gerou pronúncias incorretas e, de certo modo, engraçadas. Isto deu origem a uma avalanche de *memes* na internet e de um massacre ao técnico que ecoa ainda nos dias de hoje como uma grande piada. Longe de ser algo engraçado, isto mostra a incapacidade das pessoas de lidar com alguém que está aprendendo algo. Joel Santana reconheceu o seu estado de aprendizado e aceitou a sua condição naquele momento pois, mesmo não dominando a língua perfeitamente, seguiu com suas entrevistas e liderou África do Sul até as semifinais na Copa das Confederações, dando muito trabalho a seleção brasileira quando se enfrentaram. Isto é prova de que mesmo sem ter o domínio absoluto da pronúncia do inglês, ele conseguiu se comunicar de forma muito eficiente com os jogadores e com o corpo técnico.

A experiência de Joel nos remete a uma simples situação que passamos a temer quando nos tornamos adultos. Uma criança quando começa a falar, naturalmente não consegue pronunciar corretamente todas as palavras. O mesmo ocorre conosco quando adultos e precisamos aprender uma nova língua. Se torna muito mais difícil aprendermos uma nova língua simplesmente porque temos medo da vergonha de pronunciar algo incorretamente, sendo que este na verdade deveria ser o processo natural. Então compreenda que quando estiver aprendendo algo, você não deve ter medo de se arriscar porque não há vergonha nisso.

Caminho das pedras:

Percorrido o caminho até aqui já sabemos o que é *mindset,* como iniciar sua mudança e como vencer seus medos. Agora será necessário aprofundarmos a mudança de como lidamos com o dinheiro, desta forma nossas ações estarão alinhadas com nosso objetivo.

Vivemos imersos em um mundo movido pelo consumo e a todo instante somos bombardeados por anúncios de produtos e serviços que buscam abocanhar uma parte de nossas receitas. Para gerar o desejo de consumo, criam-se problemas que muitas vezes não tem relevância para nós, mas ter um problema ou até mesmo a possibilidade correr este risco, nos instiga. E é aí onde os anúncios fazem efeito, mesmo que, até aquele momento, nem ao menos saibamos da existência de tal problema, ao tomarmos consciência de tal, nos tornamos predispostos a buscar uma solução. A solução é oferecida magicamente no mesmo anúncio, logo após ter lhe apresentado um problema. Esta é a metodologia simples da venda, onde se condiciona o possível cliente em um ambiente favorável ao discurso, depois o remete a dor do problema e, por fim, apresenta-se a solução. Apesar de simples, este processo é bastante eficaz e estamos tão condicionados dentro dele que fica difícil perceber que boa parte das coisas que nos são oferecidas não tem uma real importância para nós, ou ao menos não deveriam.

Assim é a sociedade de consumo e não há nada de errado com ela, pois você tem a opção de consumir produtos e serviços que lhe são oferecidos ou não. A questão é que para ter sucesso com suas finanças você precisa despertar deste meio e sair da multidão. Este não é um conceito novo, mas é fundamental saber a hora de guardar dinheiro e de postergar prazeres imediatos e pouco relevantes, já que isso será o divisor de águas em sua caminhada para o sucesso.

A primeira vez que despertei do mundo do consumo exacerbado e percebi o poder do longo prazo foi através do livro Pai Rico, Pai Pobre (1997) de Robert Kiyosaki e Sharon Lechter, onde foi descrito esse círculo vicioso de consumo como "a corrida dos ratos". O livro propõe de forma simples porque os pobres continuam pobres e os ricos tendem a ficar mais ricos. Claro que a forma como isso acontece não é uma regra, mas faz todo sentido após compreendermos o que Kiyosaki quis dizer com isto. As pessoas de baixa renda e classe média têm o hábito de satisfazer seus desejos de maneira mais imediata gerando um descontrole financeiro, pois geralmente estas decisões vêm acompanhadas de emoção, gerando endividamento e acúmulo de contas que consomem toda sua receita. Por outro lado, os ricos tendem a utilizar melhor seus recursos, postergando muitas vezes seus desejos por anos, até que suas receitas gerem riqueza o suficiente para realizar desejos ainda maiores. Ele classifica as despesas como passivos e as receitas como ativos, um princípio bem conhecido no mundo da contabilidade e que é a principal questão a ser compreendida. Como os desejos de consumo imediato estão ligados diretamente a bens de consumo e não a investimentos, eles fazem com que as receitas sejam consumidas ao invés de gerarem mais receitas, como a aquisição de um carro, por exemplo. Ao adquirir um carro para realizar um desejo imediato, a probabilidade de ele vir acompanhado de um endividamento é muito grande, pois muitas pessoas recorrem a financiamentos pagando juros altos ao invés de conseguir juntar dinheiro suficiente para comprá-lo à vista e, mesmo assim, não seria esse o cenário ideal. O melhor cenário seria investir seu dinheiro em algo que lhe dê retorno suficiente para que seus rendimentos paguem a aquisição do carro e seus gastos. Parece uma escolha difícil e realmente é, pois dependendo de suas receitas pode levar muito tempo até realizar o sonho de ter um carro, mas a capacidade de ter seu dinheiro trabalhando para você no longo prazo, faz coisas incríveis. Mude seu modo de pensar sobre isso, porque é realmente necessário que se guarde o quanto puder de dinheiro para que seja investido em ativos que com o tempo lhe renderão mais dinheiro. Cada centavo que você emprega a seu favor é um funcionário incansável trabalhando sem parar para aumentar seu patrimônio, então busque colocar juros a seu favor e não contra você! No próximo capítulo iremos nos aprofundar em organização financeira para que você possa colocar suas contas em dia e ter dinheiro para investir em algo que te coloque cada vez mais próximo de seu objetivo.

Capítulo 2 - Organização Financeira

Aqui iniciamos a parte prática deste livro, já que a mudança de consciência é uma missão pessoal e intransferível e, pode ser que até o momento você não esteja vendo muito significado para mudá-la. Se for este o seu caso, tenho certeza de que ao longo deste livro você mudará de opinião. Este capítulo trata sobre organização financeira, que é fundamental para se chegar à independência financeira. Certamente, o melhor modo de alcançar este objetivo é empreendendo. Se você não sabe lidar com seus recursos quando são poucos, também não saberá lidar com eles quando forem muitos, por isto saber gerenciar de forma eficiente seu dinheiro é tão importante quanto ganhar mais. Começaremos pelo básico, entendendo o conceito do que são despesas, receitas, investimentos, capital de giro, pró-labore, retirada de sócios e a importância de separar as contas pessoais das despesas de uma empresa.

Controle Financeiro Empresarial

O controle financeiro para uma empresa vai muito além do orçamento familiar que estamos acostumados a fazer mensalmente. Ele possui classificações lógicas que precisamos entender e que estão divididas em receitas, despesas, investimentos, capital de giro, pró-labore e retiradas de sócios. Ao tratarmos cada uma destas divisões ficará mais claro como se estrutura um bom controle financeiro em uma empresa e o que este conhecimento pode auxiliar no seu gerenciamento financeiro pessoal.

Despesas

Despesas são valores relacionados a manutenção da estrutura de uma empresa, isto é, são necessários para manter a empresa em funcionamento. Classificar as despesas nos ajudará na análise de seus valores.

A primeira classificação que devemos fazer referente as despesas são em fixas e variáveis, pois assim teremos condições de realizar provisões e fechar um orçamento mensal mais assertivo. Despesas fixas são valores que possuem uma frequência mensal e que não sofrem alterações imprevistas. Dentre elas podemos citar aluguéis, contratos de manutenção, folha de pagamento, telefonia e internet etc. Já as despesas variáveis são valores gastos sem previsibilidade ou que não possuem valores fixos, como conserto de equipamentos que quebram, gastos com acidentes, viagens não programadas, compras de materiais ou equipamentos sem provisionamento e as mais diversas despesas que se pode imaginar. Geralmente são as despesas variáveis que comprometem a saúde financeira de uma empresa, pois elas não estão planejadas.

Para uma melhor compreensão, o mesmo acontece com a saúde financeira pessoal, quando realizamos pequenas compras no cartão de crédito e, ao final, nos assustamos com o valor da fatura. Todo tipo de despesa deve ser acompanhado de perto, mas as despesas variáveis precisam de atenção especial. Isto vai na contramão da opinião de diversos acadêmicos da microeconomia, onde recomendam controlar as despesas fixas por conta de comprometimento das receitas. Mas, a verdade é que, com o incentivo ao consumo que temos na sociedade atual, devemos começar pelas despesas variáveis e depois, quando estivermos em outra realidade, aí sim iremos para as despesas fixas.

Receitas

Receitas são os valores arrecadados por uma empresa através da sua atividade principal, seja comercialização ou produção de itens, ou venda de serviços. Elas também podem ser obtidas através de outras fontes, como vendas de bens da empresa ou através de rendimentos financeiros, sendo necessário classificá-las. Contudo, não são divididas primariamente como fixas e variáveis, como ocorreu na classificação das despesas, pois a origem das receitas pode ser provisionada, mas não fixada.

A classificação das receitas está mais ligada à sua natureza ou origem, e compreender isso facilita o seu entendimento. Vejamos por exemplo a classificação de uma receita de venda e uma receita de rendimento financeiro, simplesmente pela sua nomenclatura conseguimos identificar claramente do que cada uma se trata. A classificação de uma receita também pode ser feita de acordo com sua forma de recebimento, como venda a vista ou a prazo, pois isto é um outro ponto de análise, quando falamos em analisar receitas. Tanto a análise da sua origem ou natureza, quanto sua forma de recebimento são relevantes, pois a natureza ou origem diz do que ela se trata e a forma de recebimento diz como este recurso ficará disponível para a empresa. Combinando a classificação por natureza ou origem e a forma de recebimento podemos ter o seguinte resultado. Por exemplo, temos uma receita de vendas que sua forma de recebimento será em cartão de crédito parcelado. Olhando este exemplo fica claro que a origem da receita foi de uma venda e que a empresa receberá este valor parceladamente através de seu banco, e que ela terá os encargos que uma venda em cartão de crédito possui. Mais adiante veremos que existe uma estrutura lógica para organização de todas estas informações, mas primeiro veremos mais alguns tipos de valores a serem classificados.

Investimentos

Como já citamos acima, o controle financeiro de uma empresa não se resume apenas a gerenciar despesas e receitas, mas também como os resultados destes valores são empregados e por isso é necessário ter bastante atenção ao classificarmos valores tidos como investimento. Um investimento não caracteriza nem uma despesa e nem uma receita, mas sim um valor empregado em algo para que gere um resultado. Geralmente está ligado a geração de receita, mas pode estar ligado a redução de uma despesa ou mantimento da receita existente. Outro fator que difere um valor de investimento de uma despesa ou receita é o fator risco, que se trata de possíveis prejuízos que um investimento possa vir a ter. Sobre os tipos de investimentos e seus graus de risco, veremos mais adiante um capítulo dedicado exclusivamente a este tema.

Capital de Giro

Estamos apresentando a você como diversos valores são empregados no controle financeiro de uma empresa e reforçamos a necessidade de dedicar atenção a esses conceitos, para não os confundir. Se você já está habituado com a divisão destes valores, ótimo. Contudo, peço que se for este o seu caso, tenha um pouco de paciência antes de prosseguir para o próximo capítulo. Porém, se você está ouvindo falar sobre esta divisão agora, é importante que leia com bastante atenção e tenha certeza de que ao chegar no final deste capítulo você tenha compreendido a diferença entre eles, pois num primeiro momento as diferenças entre um e outro podem ser muito sutis. Feitas estas considerações, vamos prosseguir então. Capital de giro não se classifica nem como despesa, nem receita ou investimento. Esse valor é empregado na aquisição de produtos ou serviços que são fundamentais para que a empresa "gire", ou seja, que tenha recursos para gerar receita através da sua atividade principal.

Vejamos como exemplo um supermercado. Para que um supermercado tenha produtos a oferecer para venda a seus clientes, é necessário que ele efetue a compra destes produtos com cada fornecedor. Este valor empregado na compra destes itens é um capital de giro que será restituído assim que os produtos nas prateleiras forem vendidos. Existem diversas formas de um capital de giro ser empregado, contudo este valor deve estar totalmente ligado a financiar a atividade principal da empresa, independente de qual ela seja, e de qual seja o resultado desta atividade, ou seja, a receita deve restituir o capital de giro. Apesar de se assemelhar a um investimento em muitos aspectos, o que diferencia claramente um do outro são suas finalidades. O investimento é um valor empregado com foco na obtenção de algum rendimento, podendo se assumir um risco para isto, já o capital de giro serve para financiar a atividade principal de uma empresa para que ela possa tornar sua operação viável.

Pró-labore

Para quem está acostumado com o mercado de trabalho tradicional, o modo de receber um salário parece bastante óbvio. Nesse sentido, um trabalhador deve receber seus proventos frutos do seu trabalho, seja ele semanal, quinzenal ou mensal. Até então, nada mais justo, já que o empregador assim necessita da mão de obra do trabalhador, e na grande maioria das vezes, obteve lucro com ela. Mas e o empregador, como recebe seus proventos? Será que ele possui um salário? Este parece também outra pergunta com uma resposta óbvia, já que o empregador tira seus proventos do lucro que sua empresa gera, simples não? Mas não é tão simples assim. Em toda empresa organizada, independente de lucro ou prejuízo, ela deve pagar um "salário" ao seu proprietário para que ele tenha seu sustento garantido. O nome que se dá a este valor é pró-labore, o que é muito justo, pois se o trabalhador tem o direito de ter seu salário e sustento garantido mediante o trabalho realizado, o proprietário também deve ter. Infelizmente esta prática é pouco realizada nas empresas no Brasil, porque existe uma cultura de não separar as contas pessoais das contas da empresa e isto é extremamente prejudicial. É necessário que exista dentro da empresa uma separação de forma clara e estruturada entre o que é um "salário" do proprietário e o que é o lucro da empresa. O pró-labore deve existir assim como o salário de um funcionário na folha de pagamento, pois o proprietário também exerce uma função na empresa para que ela funcione e este posto deve ser preenchido independente do proprietário querer exercê-la ou não. Ele pode optar em não a exercê-la, mas terá que contratar alguém para executá-la para que a empresa funcione. Já o lucro é o resultado da empresa, que não depende unicamente de o proprietário ter ido trabalhar ou não, então inclua mais este ponto de vista em sua mente para que você continue criando um caminho de sucesso como empreendedor.

Retirada de Sócios

Como o nome diz propriamente, a retirada de sócios possui um entendimento mais claro do que ela trata, pois consiste realmente na retirada de um valor por parte de um ou mais sócios do caixa da empresa. Este valor pode ser referente ao lucro gerado pela empresa ou até mesmo a recuperação de um valor investido com recurso próprio do sócio, visto que a cada valor que o sócio tira de seu bolso e injeta na empresa, este mesmo valor deve ser devolvido ao sócio o quando antes. A classificação do valor retirada de sócios existe para deixar claro o destino destes valores, já que são recursos que saem da empresa e devem ter uma origem e destino claros e rastreáveis. Esses recursos que saem da empresa devem ser acompanhados de perto, pois, mesmo que não haja nenhuma irregularidade por parte de um sócio, uma retirada imprudente de valores pode desestabilizar o controle financeiro e levar a empresa até a falência em alguns casos. E acredite, isto acontece e infelizmente já pude presenciar alguns empresários passando por isto. São situações em que foram realizadas diversas retiradas da empresa, quando ela estava em seu auge, o que desbalanceou as contas e levou a empresa à falência em menos de dois anos.

Plano de contas

Ainda falando sobre a classificação de valores no controle financeiro da empresa, não podemos deixar de falar em plano de contas antes de finalizar este tema, pois é ele que fornece a estrutura organizacional e hierárquica desta classificação. O plano de contas financeiro ou gerencial como é conhecido, é um conceito que foi importado do mundo contábil, porém, diferentemente de um plano de contas contábil, o plano de contas financeiro é muito mais flexível e adaptável, permitindo assim que as empresas tenham um desempenho melhor em sua utilização. Ainda assim, um plano de contas pode ser um pouco confuso de ser compreendido. Por este motivo, veremos do que ele é composto, quais as regras que ele deve seguir e um exemplo simples considerando despesas e receitas.

Como já falamos, um plano de contas serve para organizar a classificação dos valores no controle financeiro de uma empresa e esta organização deve possuir uma hierarquia. Recordemos as divisões que vimos até agora, que são despesas, receitas, investimentos, capital de giro, pró-labore e retirada de sócios. Cada uma destas classificações pode ser dividida em subcategorias, deixando assim, seu entendimento mais claro. Para simplificar este entendimento, vamos nos limitar a utilizar apenas duas delas que são as classificações despesas e receitas, e já será o suficiente para nosso exemplo. Começando pelas receitas, vimos que a receita é o resultado da atividade principal de uma empresa, mas também pode ser proveniente de outras fontes, como receitas de investimento, por exemplo, mas independente de sua origem todas se classificam como receitas, usando estas duas diferentes origens de receita, podemos criar um exemplo simples. Para isto, vamos começar a dar um número para cada tipo de receita e vamos fazer o mesmo posteriormente com as despesas. Vamos utilizar o número 1 para as receitas e o número 2 para as despesas e colocando-as em uma hierarquia, teremos o seguinte resultado com a divisão de receitas que vimos acima.

1 – Receitas
1.1 – Receitas de Vendas
1.2 – Receitas de Investimentos

Nesta estrutura simples temos a conta 1 agrupando todas as receitas, independentemente qual a sua origem, e logo abaixo temos a conta 1.1, que agrupa todos os valores de receitas de vendas e, por fim, a conta 1.2, que agrupa todas as receitas com investimento. Utilizamos o nome conta para estas divisões pois com esta simples estrutura, já temos um pequeno plano de contas, onde todos os valores contabilizados como receitas estão compreendidos na sua totalizadora que seria a conta 1 – Receitas. E dentro dela, temos as contas 1.1 e 1.2 cumprindo cada uma o seu papel, contabilizando todos os valores correspondentes a receitas de vendas e receitas de investimentos. Entendido este simples exemplo, podemos agora montar uma estrutura incluindo as contas de despesas, e para facilitar o entendimento utilizaremos apenas uma conta totalizadora para todas as despesas com o número 2, conforme citamos acima, e duas divisões de despesas, são elas as despesas operacionais e as despesas financeiras. Agora montando toda esta estrutura, incluindo receitas e despesas, teremos o seguinte resultado:

1 - Receitas
1.2 - Receitas de Vendas
1.3 - Receitas de Investimentos
2 - Despesas
2.1 - Despesas Operacionais
2.2 - Despesas Financeiras

E assim começamos a estruturar um plano de contas que servirá para agrupar as classificações dos valores em nosso controle financeiro. Inevitavelmente, agora que vimos uma estrutura básica de plano de contas você deve estar se perguntando: - ok, entendi, mas o para que vou utilizar isto? A resposta é simples! Sabendo a origem de cada um dos valores movimentados na sua empresa você poderá analisar despesas a serem cortadas, investimentos a serem realizados, receitas a serem aumentadas, efetuar auditoria destes valores, realizar planejamentos orçamentários e uma infinidade de outras possibilidades. Se tem uma coisa que você perceberá na sua jornada rumo ao sucesso, é que você precisa ter controle das situações, principalmente de valores e ter opções, sempre muitas opções! Antes de continuarmos, vou fazer um exemplo com mais contas de despesas e receitas para que você possa ver de maneira mais clara como poderá utilizar o plano de contas a seu favor.

1 - Receitas

1.1- Receitas de Vendas
1.1.001 – Vendas à Vista
1.1.001.0001 – Vendas em Dinheiro
1.1.001.0002 – Vendas em Boleto à Vista

1.2 – Receitas de Investimentos
1.2.001 – Receitas de Investimentos Financeiros
1.2.001.0001 – Receitas de Dividendos e Ações
1.2.001.0002 – Receitas de Fundo Fixo
1.2.002 – Receitas de Imóveis
1.2.002.0001 – Receitas de Aluguéis Comerciais
1.2.002.0002 – Receitas Fundos Imobiliários

2 – Despesas
2.1 – Despesas Operacionais
2.1.001 – Despesas com Pessoal
2.1.001.0001 – Folha de Pagamento
2.1.001.0001 – Vale Transporte
2.1.001.0002 – Vale Alimentação
2.1.001.0003 – Rescisões
2.1.001.0004 – Impostos Sobre Salários

2.2 – Despesas Financeiras
2.2.001 – Despesas Bancárias
2.2.001.00012 – Pacote de Serviços
2.2.001.0002 – Multas e Juros
2.2.002 – Despesas Cartões de Crédito
2.2.002.0001 – Anuidade Cartões de Crédito
2.2.002.0002 – Multas e Juros Cartões de Crédito

Neste exemplo podemos ver de forma clara uma organização de receitas e despesas, e para todas as demais divisões do controle financeiro deve existir uma conta correspondente dentro do plano de contas, obedecendo uma hierarquia de contas.

Agora que entendemos o que é um plano de contas, temos uma base para falar sobre o controle financeiro, que gira em torno da movimentação dos valores de uma empresa. Se observarmos, ao aprendermos sobre controle financeiro para uma empresa, facilmente podemos empregar estes mesmos conceitos ao controle financeiro pessoal e, por este motivo, decidi dedicar um capítulo inteiro deste livro a este tema. Ao final, se você tiver compreendido como deve ser o controle financeiro para uma empresa, você também terá condições gerenciar seus recursos pessoais de maneira correta, o que é fundamental para você ter sucesso financeiro. Sem esta base, você não conseguirá prosperar e entender que é necessário controlar seus recursos, seja em uma empresa que você possua ou em sua vida pessoal. Este conhecimento permite esclarecer também o porquê é tão importante separar as contas e não misturar o controle financeiro de sua empresa com o controle financeiro pessoal. Inclusive, este é outro ponto fundamental para que você tenha sucesso.

Controle Financeiro Pessoal

Agora que vimos brevemente sobre o controle financeiro empresarial, mesmo que de maneira singela, será o suficiente para prosseguirmos e utilizar o que aprendemos no controle financeiro pessoal. Claro o controle financeiro empresarial é um assunto muito mais extenso e profundo do que vimos acima, mas tenha certeza de que abordamos tudo que era necessário para você até o momento. Esclarecido este ponto, podemos iniciar nossa transição do controle financeiro empresarial para o controle financeiro pessoal.

Iniciaremos reforçando a importância de separar as contas e explicaremos como você deve organizar suas despesas e receitas pessoais em um plano de contas.

Separando as contas

Além de reforçar a importância de separar as contas de sua empresa das contas pessoais, iremos explicar o que significa isto e apresentar exemplos. Separar as contas basicamente significa que o controle financeiro da empresa não se mistura em hipótese alguma com o controle financeiro pessoal e vice-versa. Nenhuma despesa pessoal deve ser paga pela empresa, e nenhuma despesa da empresa deve ser paga pelo proprietário utilizando recursos pessoais. Podemos utilizar um exemplo simples e que comumente encontro em empresas que presto assessoria. Proprietários comumente levam para o financeiro de sua empresa contas pessoais de energia, internet e telefonia para serem pagas com os recursos da empresa, ou então realizam uma viagem de lazer e utilizam recursos da empresa para pagarem as despesas. Mas afinal qual o problema gerado ao misturar os controles financeiro? São vários os problemas que esta atitude gera, mas vamos listar os que realmente importam.

O primeiro problema é a distorção das informações. Se o empresário utilizar dinheiro diretamente da empresa para pagar usa conta de luz pessoal, este valor tem que ser contabilizado como uma despesa na empresa e aqui começamos a utilizar o plano de contas financeiro. Ao analisar as despesas da empresa, ele terá o valor de sua conta de luz pessoal somado ao valor de despesas de energia elétrica da empresa, distorcendo o valor desta conta na análise das despesas. Como ele poderá ter um parâmetro para saber se o valor de energia que a empresa está gastando está de acordo com o necessário para sua operação? E o mesmo irá acontecer com seu controle financeiro pessoal, caso a sua conta de luz tenha sido paga com um dinheiro que não era seu, seu planejamento financeiro pessoal ficará distorcido. O segundo ponto é que comumente, na maioria das vezes, existem mais de uma pessoa como sócio de uma empresa, e se as contas pessoais de um sócio são misturadas com as contas da empresa, a transparência na prestação de contas para os demais sócios fica comprometida. O terceiro e último ponto que iremos citar é a questão fiscal/contábil. Caso você não saiba, uma empresa é obrigada a enviar sua movimentação financeira interna para a fiscalização e isto atualmente é feito de forma eletrônica. Se uma empresa realiza pagamentos, ela precisa apresentar notas fiscais referentes àqueles pagamentos, pois quanto maior a despesa de uma empresa, menor seu lucro e sendo menor seu lucro, os impostos envolvendo renda também serão menores. Então, se a empresa efetuar pagamentos e apresentar notas fiscais que não são destinadas à sua operação, mas sim em nome de terceiros, por exemplo em nome de algum sócio, ela pode ser autuada por fralde fiscal. Além disso, para fins contábeis a empresa fica desbalanceada, apresentando um resultado irreal e impossível de ser apurado.

Planejamento Financeiro Pessoal

Agora temos as ferramentas necessárias para montar um planejamento financeiro pessoal, que servirá de base para sua independência financeira. O planejamento financeiro pessoal consiste em quatro fundamentos, são eles: realizar um orçamento financeiro pessoal, realizar investimentos de maneira consciente, gastar melhor e gerar mais receitas. Neste capítulo explicaremos brevemente cada um destes fundamentos, pois ao longo do livro eles estarão presentes repetidas vezes.

1º Fundamento - Orçamento financeiro pessoal: Consiste em você montar um plano de contas pessoal contendo todas as suas receitas e despesas. Nele você deve lançar os valores de toda a sua movimentação financeira, de acordo com a conta correspondente. Você irá lançar o valor de seu salário na conta Receitas Salário, sua despesa com energia elétrica na conta Despesas com Energia Elétrica e assim por diante com todas suas receitas e despesas. Você poderá utilizar uma planilha de controle financeiro pessoal ou algum sistema dentre os diversos disponíveis atualmente. Os dados lançados irão lhe ajudar a saber sua atual condição financeira, se suas receitas são suficientes para cobrir suas despesas e se existe algum valor sobrando no final. Permitirá também que você analise suas despesas e veja o que pode adequar, reduzindo custos ou trocando serviços por opções mais adequadas ao seu cenário atual. Após esta análise estes mesmos dados irão permitir que você planeje seu orçamento para o próximo mês, controlando seus gastos para que você atinja seu primeiro objetivo, que é ter algum valor para investir em uma reserva de emergência. Trabalhe com calma e não desista deste objetivo, não importa qual seu cenário atual, mantenha isto em mente como se você estivesse comprando seu passaporte para uma vida melhor. Não importa o valor que você comece a guardar, pense que ter uma reserva de emergência é fundamental para que você tenha opções em alguma situação adversa. Uma sugestão de valor adequado para destinar a sua reserva de emergência seria de 10% de suas receitas, todo mês. E o valor total ideal de uma reserva é a que represente seus gastos mensais por pelo menos um ano, ou no mínimo seis meses. Se não for possível iniciar guardando 10% de seus ganhos mensais, comece com o que for possível. A cada um real que você guardar por mês será um real que estará mais perto do seu primeiro objetivo. Não entraremos em detalhes agora de qual seria o melhor lugar para investir sua reserva de emergência, pois teremos um capítulo dedicado exclusivamente a investimentos. Mas tenha em mente que precisa ser um investimento que permita ter acesso a esse recurso de forma imediata. Então, evite colocar este valor em investimentos que o dinheiro ficará retido, pois o objetivo da reserva de emergência é te amparar em uma situação imediata.

2º Fundamento: Investimento Consciente: Realizar investimentos é parte fundamental para o enriquecimento, seja ele em conhecimento para crescimento pessoal ou financeiro. Contudo, investimentos devem ser feitos de forma consciente, evitando riscos inicialmente. Se você está começando a investir, deve procurar opções que ofereçam o menor risco possível, pois a ideia de um investimento é gerar ganhos, mas uma ocasional perda pode custar um tempo muito precioso para ser recuperada. Como veremos mais adiante, existem diversas opções de investimento, mas já adianto que o melhor investimento inicial é em conhecimento, pois se aprimorando você poderá gerar mais receitas, seu trabalho passará a ser mais valorizado. Então invista em você e quando for possível inicie sua reserva de emergência, assim você estará começando com o pé direito sua jornada rumo a sua independência financeira.

3º Fundamento: Gastar Melhor: Dentro de um cenário escasso de recursos, se falar em gastos não parece muito lógico, mas nossa proposta é que você faça os gastos necessários para alcançar seus objetivos. Não adianta fazer uma contenção exacerbada de gastos sem um objetivo claro, pois uma contenção assim lhe deixará frustrado e desmotivado, e você precisa estar motivado para poder conquistar suas metas. Quando falamos em gastar melhor, estamos sugerindo fazer escolhas mais inteligentes ao gastar, como negociar um contrato de internet com uma prestadora de serviços que lhe ofereça mais vantagens com o mesmo valor atual ou menor do que seu plano atual. Outro exemplo, ao realizar a compra de um produto, avaliar se ele será realmente útil para você naquele momento. Então, se a compra for justificada, avaliar as melhores condições de pagamento. São estes pequenos detalhes que farão muita diferença. Procure evitar o imediatismo, apesar de difícil atualmente onde somos bombardeados a todo instante com campanhas publicitárias, mas ainda é possível fazer escolhas conscientes. Lembre-se que seu dinheiro é fruto de tempo de trabalho, e tempo é o bem mais caro que temos, pois este não é possível recuperar. Melhorar suas escolhas é valorizar seu tempo, é valorizar a si mesmo, é ter respeito por quem você é!

4º Fundamento: Gerar Mais Receita: De todos os quatro fundamentos que compõem o planejamento financeiro, sem dúvida, este é o último e mais importante. Ele é o mais relevante pelo simples fato de que você pode executar os outros três fundamentos de maneira exemplar, mas se não gerar mais receita, você nunca atingirá sua independência financeira. Nesse sentido, o inverso também é verdade, pois gerando mais receita você pode atingir sua independência financeira mesmo sem ter conquistado os outros demais fundamentos. Claro que o conjunto dos quatro fundamentos aumentará suas chances e encurtará o tempo para atingir seus objetivos, mas somente ter um orçamento pessoal, investir de maneira consciente e gastar melhor não lhe fará rico. A verdade é que se você não gerar mais receita, você passará a vida juntando um dinheiro que não lhe dará o resultado no tempo que você precisa, e para provar isto a você faremos um cálculo simples. Para você obter um milhão de reais hoje - e veja que não é um valor tão relevante assim, pois dificilmente alguém pode se considerar independente financeiramente tendo apenas um milhão de reais em sua conta bancária - seriam necessários 16 anos guardando cinco mil reais todos os meses, ou seja, durante duzentos meses você precisaria guardar um valor de cinco mil reais sem tirar um centavo deste valor. Dependendo do investimento que você fizer este tempo pode ser encurtado, sem dúvidas, mesmo assim levariam longos anos e você poderia atingir sua independência financeira em uma idade em que não teria mais tanta disposição para aproveitá-la. Então procure mais formas de gerar receitas! Quando falamos que o melhor caminho é empreender, não quer dizer que é o mais fácil, mas sim qual você tem a melhor chance para chegar lá. E empreender não quer dizer apenas abrir uma empresa e se tornar empresário do modo tradicional, hoje existem diversas formas de se empreender e recomendo que você tenha a mente aberta para tudo que surge de novo em nosso tempo. Procure opções de fontes de renda que você possa comercializar em larga escala e que dependam o mínimo possível de você. Assim, terá tempo para continuar buscando novas formas de ganhar dinheiro.

Entenda que você não pode se limitar a poucas opções, pois uma pode se acabar ou deixar de dar o resultado esperado. Mas se você tiver várias opções de ganhar dinheiro, você terá outras fontes de renda aumentando seu patrimônio. Um exemplo disto é contar apenas com o próprio salário. Se acontecer o triste fato de você ficar desempregado, você não tem opção a não ser passar por essa fase com dificuldades e inseguranças. Agora, se você tem outras fontes de renda, você terá mais tranquilidade para pensar e continuar a aumentar suas receitas.

Capítulo 3 – Investimentos

Uma boa forma de aumentar receitas sem dúvidas é realizar bons investimentos. Desde que tenhamos clareza que não existem milagres e que investir requer muito mais coragem e inteligência do que sorte. Sejamos realistas com este tema, a chance de você dar um "golpe de sorte" é muito menor do que você ir escalando seus resultados, por isso fique atento a este capítulo em que daremos a base de entendimento do que são investimentos. Existem uma infinidade de investimentos e para cada tipo existe um momento adequado na vida, pois existem alguns que, para quem está começando, irão mais atrapalhar do que ajudar. Então definimos uma ordem lógica de como você deve iniciar seus investimentos.

Comece pela sua reserva emergencial

Como falamos anteriormente, uma reserva emergencial servirá para que você tenha recursos diante de alguma adversidade. E quando falamos em situações adversas temos uma infinidade de possibilidades, como desemprego, doenças, acidentes e até uma ótima oportunidade de negócios, que óbvio não deve ser nunca a primeira opção, mas se for algo muito bom pode ser considerado. Por este motivo, sugerimos que comece seus investimentos pela sua reserva financeira. E para que você faça isto corretamente, o objetivo não será lhe darmos um portfólio de fundos, ações ou investimentos que você deve ter em sua carteira para reserva de emergência, mas sim o que um investimento deve ter para que seja elegível para esta carteira. Para que um investimento possa ser considerado elegível para uma carteira com esta finalidade, ele precisa ter três requisitos satisfatórios que veremos abaixo.

Segurança

O principal objetivo de sua reserva de emergência é que você tenha segurança, tranquilidade e recursos disponíveis para eventuais problemas ou oportunidades de investimentos. Por este motivo o primeiro critério que você deve avaliar em um investimento para sua reserva é a segurança que ele te proporciona. Um investimento para esta carteira deve possuir um risco muito baixo ou inexistente, pois o valor que você investir deve estar lá quando você precisar e é aí que os investimentos mais conservadores são mais adequados. Imagine que você tenha comprado ações de uma grande empresa, como o Facebook. Certamente são ações confiáveis e que pagam bons dividendos ou tem chances de valorização, contudo os preços destas ações não dependem unicamente da empresa, mas também de fatores externos. Recentemente houve uma queda na disponibilidade dos serviços da empresa, o que fez o valor das ações despencarem. Se você tivesse colocado toda sua reserva emergencial nestas ações e precisa-se deste dinheiro no momento, você teria muito menos do que investiu inicialmente. Então procure investimentos com risco muito baixo, mesmo que com rentabilidade menor, pois o momento é de poupar dinheiro e não se aventurar em busca de oportunidades de ganho.

Liquidez

Além da segurança, os recursos de uma reserva desta natureza devem estar disponíveis a qualquer momento, senão não cumprirá seu papel em uma eventual emergência. Por isto, o fator de liquidez é imprescindível para que um investimento possa compor esta carteira. A liquidez nada mais é do que a possibilidade de resgate do dinheiro a qualquer momento e isto varia bastante para cada tipo de investimento. Nem sempre um investimento seguro, como um fundo imobiliário por exemplo, possui um tempo de liquidez melhor que um investimento de renda variável, por isso é fundamental estar atento a qual o prazo de liquidez do investimento. Prefira sempre compor sua carteira diversificando a maioria dos investimentos entre os que possuem liquidez imediata e, em alguns casos bem avaliados, em até liquidez diária pode ser aceitável, mas nunca o valor superior a 20% de sua reserva total. Isto garantirá que você tenha dinheiro de forma imediata caso precise.

Rentabilidade

Considerando a segurança e a liquidez de um investimento, é hora de falarmos sobre a rentabilidade, pois é preciso ser inteligente com seus recursos e todo dinheiro guardado deve render algo satisfatório. Não faz sentido ter dinheiro guardado para somente uma emergência se existem tantas opções de empregá-lo a seu favor. Lembre-se que cada centavo que você guarda pode ser um funcionário incansável trabalhando 24 horas por dia para aumentar seu patrimônio. A importância de saber quanto um investimento rende é fundamental, pois existem investimentos que, mesmo sendo de rendimento fixo, você pode estar perdendo dinheiro, como é o caso da poupança tradicional. Ela tem uma ótima segurança e uma liquidez imediata, contudo seu rendimento costuma ser inferior a inflação corrente, onde seu dinheiro guardado rende menos do que a inflação e com isto acaba sendo consumido por ela. No curto prazo, isto pode não ter grande impacto, mas ao passar dos anos seu dinheiro não corresponderá ao que deveria pela desvalorização da moeda. Então procure saber quais são os índices de inflação atuais e quais os índices de rendimento do investimento e seus dados históricos. Outro ponto que você deve observar é se os rendimentos serão taxados por imposto de renda, para não ter uma desagradável surpresa. Existem investimentos de fundo fixo, com boa liquidez e rentabilidade, contudo são taxados por imposto de renda que, ao final, comprometerão seus rendimentos fazendo com que fiquem abaixo da inflação e você perderá dinheiro.

Invista em você

O passo mais importante para você chegar a sua independência financeira, sem dúvidas é gerar mais renda. Os investimentos são ótimos para isto, mas você verá que o que tem um potencial para lhe dar um retorno maior e mais rápido é investir em si mesmo e iremos lhe explicar o que isto significa. Investir em si mesmo não se trata de gastar um valor consigo mesmo para ter um momento de felicidade, mas sim fazer algo por si mesmo que melhorem suas capacidades e existem diversas formas de fazer isto e felizmente algumas delas sequer envolvem dinheiro. Vamos supor que atualmente você trabalhe em uma empresa que ofereça oportunidades de crescimento, então se você se empenhar em conseguir uma destas oportunidades já é investir em você. O simples fato de aprender uma nova atividade já te valoriza pelo conhecimento, fazendo com que você possa ganhar mais dentro da empresa que trabalha ou passando a valer mais para o mercado de trabalho, visto que aprendeu uma nova função. Este é um exemplo que está disponível para a maioria das pessoas que trabalham em um emprego convencional. Além desta possibilidade, existem diversas outras formas de evoluir para que sua hora de trabalho passe a ter um valor maior. Procure realizar cursos, mesmo que gratuitos, procure participar de seminários, de projetos dentro da sua empresa e tudo isto irá ser somado ao seu currículo. Faça *network*, aprenda a se comunicar e você terá muito sucesso se fizer bons contatos. Eu mesmo fiz isto boa parte da minha vida antes de me tornar empresário e posso dizer que consegui resultados. Comece pelo caminho mais próximo para que você tenha fôlego financeiro para dar passos maiores e começar a empreender. E lembre-se você não precisa ter concluído o objetivo de sua reserva financeira para começar a investir em si mesmo. As duas coisas podem e devem ser feitas simultaneamente, pois investindo em você, com certeza terá mais rendimentos e conseguirá direcionar mais recursos para sua reserva de emergência.

Primeiros passos para ganhar dinheiro com investimentos

Após cumprir seus deveres com responsabilidade, ter uma reserva emergencial e ter feito os investimentos necessários em você, agora é a tão esperada hora de se aventurar e se tornar um investidor. Hora de conhecermos melhor outros tipos de investimento que envolvem riscos maiores e ganhos maiores. Mas vamos com calma que nem tudo são flores, e isto requer muito estudo para que você não gaste seu precioso tempo com investimentos sem futuro. Então vamos aprender também os tipos de investimentos financeiros que você encontra à sua disposição no mercado, e quais instituições são mais adequadas.

Tipos de investimentos

De uma maneira simples, os investimentos estão divididos em curto, médio e longo prazo e em fixos e variáveis, sendo que a primeira divisão se trata do tempo de resgate dos resultados de um investimento e a segunda divisão de regras para os valores dos rendimentos de um investimento. Embora essas divisões se relacionem durante o processo de investimento, é mais comum que investimentos com rendimento fixo estejam mais ligados ao médio ou longo prazo, e investimentos com renda variável estejam ligados ao curo prazo. Lembre-se que isto não é uma regra, apenas uma tendência que podemos observar. Logicamente existem investimentos de longo prazo que são de rendimento variável e investimentos de curto prazo que são de rendimento fixo, ficando a critério do investidor definir na montagem de sua carteira de investimentos. Essa tendência ocorre devido a investimentos de longo prazo serem mais conservadores, porém de baixo rendimento, então o investidor neste perfil busca um resultado previsível sobre seu rendimento e vê vantagem no emprego de recursos a longo prazo. Já investimentos com rendimento variável, apresentam uma volatilidade maior, aumentando o risco de perdas. Por este motivo, o investidor com este perfil se arrisca mais visando uma maior rentabilidade e é normal que seja assim, pois quanto maior o risco, maior tende a ser a recompensa, ou seja, o lucro obtido com os rendimentos do investimento.

Investimentos de Longo Prazo

O sonho de quase todo investidor conservador é possuir rendimentos maximizados pelas taxas de juros de forma segura e, durante muito tempo, isto foi possível em países com altas taxas de juros, o que sempre foi o caso do Brasil. Uma estratégia simples e eficiente, principalmente no início do plano real, onde as taxas de juros eram mais altas para manter o tripé macroeconômico funcionando e segurar a inflação. Nesta época era possível multiplicar seu valor investido em poucos anos, mas a realidade vem mudando e os investimentos a longo prazo passaram a ser um risco, devido a queda nos juros adotada pela Banco Central[1] a partir do ano de 2020 e o aumento na inflação iniciada pelo cenário político e agravada pela pandemia[2]. Assim, investimentos a longo prazo baseados na taxa de juros passaram a ser menos interessantes. Contudo, vale lembrar que ao longo das duas últimas décadas a taxa de juros vem caindo no Brasil, mas nunca havia chegado ao

---

[1] Após ganhar as eleições de 2018, teve início em 01 de janeiro de 2019 o governo de Jair Messias Bolsonaro, qual nomeou como ministro da economia Paulo Roberto Nunes Guedes. Guedes adotou política de baixa de juros para estimular a economia através de crédito acessível a empresas.

[2] Em 31 de dezembro de 2019 a OMS foi informada sobre os casos de infecção de uma nova variável do vírus SARS-COV em Wuhan, província de Hubei na China. A variável recebeu o nome de SARS-COV-2, chamada popularmente de novo Corona vírus, que ocasionou uma pandemia mundial, tendo início das infecções em 11 de fevereiro de 2020 no Brasil. A pandemia gerou diversas instabilidades econômicas ao redor do mundo devido as medidas restritivas para conter o avanço da infecção.

patamar atual. Esta queda era inevitável visto que o Brasil vem sendo influenciado pelo modelo econômico dos Estados Unidos, país que historicamente sempre manteve os juros baixos. Fator este que faz com que muitos economistas acreditem que o sucesso da economia americana se deve aos juros baixos. Também acredito neste ponto de vista, pois com juros mais baixos, as pessoas tendem a empreender para gerar mais renda, já que não há vantagens em manter capital investido contando com rendimentos de juros baixos. Apesar deste cenário, investimentos de longo prazo devem sempre compor a carteira de um investidor, claro que em suas devidas proporções. Para fazer isto do jeito certo, devemos saber quais são as opções oferecidas hoje no mercado de investimento, o que nos permitirá definir as mais interessantes. Dentre elas podemos citar as seguintes opções:

Fundos de Investimento: um fundo de investimento consiste na formação de um grupo para arrecadação de valores para realizar o financiamento de projetos por alguma instituição financeira. Para ficar mais claro o entendimento vamos utilizar um fundo muito apreciado entre os investidores mais conservadores que é o LCI ou Letra de Crédito Imobiliário. O LCI é comum em muitas instituições financeiras e consiste na criação de um grupo para arrecadar recursos com a finalidade de financiar ou adquirir imóveis, e de acordo com o rendimento destes empreendimentos, como juros obtidos através de financiamentos ou aluguéis, é que são pagos os rendimentos. Um fundo é comercializado em quotas, então quando um investidor realiza uma aplicação em um fundo de investimento, ele está comprando quotas e os rendimentos do fundo são pagos proporcionalmente de acordo com as quotas que cada investidor possui, que geralmente possuem um percentual de rentabilidade pré-fixado, ou seja, não sofrerá alterações. Além do LCI, podemos encontrar diversos outros fundos, sendo outra opção bem interessante no Brasil o LCA, ou Letra de Crédito do Agronegócio, visto que o setor é muito aquecido por aqui.

Tesouro Direto: Ele foi criado em 2002 como um programa de investimentos do Tesouro Nacional em parceria com a B3, Bolsa de Valores brasileira, para oferecer títulos públicos a pessoas físicas, facilitando o acesso a esses títulos, que anteriormente era restrito a instituições financeiras nacionais e internacionais. Comprar um título público significa comprar um título de dívida que o governo emite com objetivo de arrecadar fundos para financiar projetos e contas públicas, então é como se você tivesse "emprestado" dinheiro ao governo, e como todo empréstimo, são acrescidos de juros que o governo paga aos detentores dos títulos. As taxas de juros são principalmente atreladas a Selic e IPCA, índice oficial que mede a inflação no país. O investimento no Tesouro Direto é tido como o mais seguro do país, pois seria necessário que o Brasil "quebrasse" para que seu dinheiro investido fosse perdido, ele ainda conta com um rendimento satisfatório e com várias opções de liquidez, inclusive diária, isto faz com que seja um dos investimentos mais apreciados pelo perfil mais conservador de investidor.

Bolsa de Valores: Sinônimo de investimentos, a Bolsa de Valores é muito sedutora, sendo o principal objetivo de investidores mais ambiciosos. Sem dúvida o mercado de ações é o suprassumo quando se trata de investimentos, é o ápice das transações econômicas e por isto recebe o devido destaque. Apesar de as ações remeterem a um cenário volátil que envolvem grandes ganhos e grandes perdas, nem todos os investimentos encontrados na Bolsa de Valores são tão "selvagens" assim. É possível encontrar ótimas opções para longo prazo e, ao invés de lhe indicar qual ações comprar, vale analisarmos uma pequena história que fará você matar a charada quando o assunto for investimentos de longo prazo. Então vamos a uma breve história. Você já ouviu falar no Efeito Lindy? Efeito Lindy é uma expressão criada por Albert Goldman em 1964 que faz alusão ao restaurante-café Lindy em Nova York, onde observou o seguinte fato. O restaurante era famoso por ser frequentado por diversos humoristas da época e lá se encontrava todos os tipos de humorista, desde os bem-sucedidos até os nem tanto assim. Nesta mistura heterogênea de pessoas, podia-se observar uma rotatividade maior de novos rostos entre humoristas com menos tempo de carreira. Já entre os humoristas com mais tempo de carreira, havia pouca variação. Outro ponto é que a queixa de falta de trabalho era recorrente entre os novatos, fato que não acontecia com os humoristas com mais "tempo de estrada". Isto fez com que Goldman, no artigo *Lindy's Law,* do jornal *The New Republic,* escreve-se o seguinte "a expectativa de futuro de carreira para um comediante de televisão é proporcional ao total de exposição no passado pela metade". Então, um comediante com 20 anos de carreira provavelmente ainda duraria mais 10 anos, enquanto novos comediantes tendem a ficar pelo caminho. Goldman acredita que todo comediante terá um começo de carreira turbulento, seguido por uma etapa de ascensão e chegará ao final devido a algum desgaste comprovando uma incidência de falhas ao longo do tempo. Já um comediante com uma carreira mais longa, demonstra uma certa resistência a falhas, provando uma antifragilidade[3] às situações adversas ao longo do tempo. Dentro deste mesmo princípio, podemos observar que o mesmo ocorre com o mercado de ações, e é possível tirar proveito disto quando falamos em investimentos para longo prazo. Um investimento em ações de empresas consolidadas no mercado e com longa data tendem a continuar tendo bons resultados, enquanto ações de empresas novas tendem a apresentar um risco muito maior. Considerando estes fatos, quando falamos de investimento de longo prazo na Bolsa de Valores, dê preferência para compra de ações de empresas consolidadas.

Investimentos de Curto Prazo

Investimentos de curto prazo são aqueles considerados com menos de um ano de duração até a retirada integral dos rendimentos e valor aplicado. Existem diversas opções de investimento a curto prazo, que vão desde Tesouro Direto e fundos de investimento até ações na Bolsa de Valores.

---

[3] Antifragilidade: termo que vem do conceito de Antifrágil proposto pelo autor Nassim Nicholas Taleb em sua obra Antifragile: Things That Gain From Disorder - 2012, que consiste em coisas que se beneficiam do caos, coisas que crescem em meio a adversidade.

Contudo, o perfil do investidor para o curto prazo tende a ser mais agressivo, visando maior rentabilidade e liquidez, o que, conforme já vimos, envolvem também maiores riscos. Como já falamos sobre fundos de investimento e Tesouro Direto no tópico sobre investimentos a longo prazo e as regras são as mesmas, agora nos dedicaremos mais ao mercado de ações, devido ao fato de serem o tipo de investimento que mais se enquadram dentro do objetivo rentabilidade e liquidez. Este talvez seja o tipo de investimento mais divertido de se falar e com certeza o mais sedutor, contudo, o que as campanhas publicitárias das corretoras de investimento não te contam é a amarga realidade do mercado de ações. Mas antes de falamos sobre essa triste realidade, vamos entender quais os tipos de negociações mais comuns no mercado de ações. A primeira coisa que precisamos saber é o que é uma ação de uma empresa e de onde este conceito saiu. As ações de uma empresa são quotas do capital social de uma companhia ou sociedade anônima[4], as tão conhecidas SA's. Estas quotas são a menor parcela deste capital social e são comercializadas na bolsa através de ofertas públicas e suas negociações são realizadas por empresas corretoras de investimentos. A soma de todas as ações de uma empresa não necessariamente representa o valor total da empresa. Neste modelo de constituição jurídica é necessário ter outros critérios para determinar quanto uma empresa vale. Isto deve-se a oscilação

---

[4] Sociedades Anônimas: Constituição jurídica de uma empresa qual o capital social não está atribuído nominalmente a um ou mais sócios como em outras formas de constituição. O capital social é dividido em ações que podem ser comercializadas livremente sem necessidade de escritura pública ou outro notarial.

que o valor de uma ação pode ter, que pode ser impulsionado para cima ou para baixo de acordo com a percepção do mercado de ações. Vejamos por exemplo o fato ocorrido com a empresa Facebook, que em apenas algumas horas de indisponibilidade de seus serviços, sofreu uma queda no valor de mercado de US$ 47,3 bilhões de dólares em outubro de 2021. Obviamente a empresa não perdeu este dinheiro fisicamente ou em bens tangíveis, mas sim pela desconfiança no mercado gerado pela instabilidade dos serviços da empresa, que fez suas ações despencarem de valor. Para determinar o valor real de uma empresa nas condições de sociedade anônima é utilizado um conceito chamado *valuation*, que utiliza uma série de requisitos para chegar ao valor final de mercado. Compreender estas oscilações de preço de uma ação é fundamental para que possamos agora falar sobre os principais processos de negociação, visto que são baseados em oportunidades criadas pelas altas e baixas de uma ação.

Position: A comercialização de ações no mercado de ações deve-se a operadores que efetuam a compra e venda de ações para seus próprios investimentos ou para investimentos de terceiros atuando como corretores. O que determina basicamente a diferenciação entre um tipo de estratégia de negociação e outra, é o tempo que se leva para analisar e tomar a decisão de compra ou venda de uma ação. Na estratégia de negociação conhecida como *Position,* o operador acompanha o histórico de uma ação por semanas e até meses para determinar o melhor momento para comprá-la ou vendê-la, baseado em um conjunto de informações da empresa e na especulação do mercado. O objetivo em todas as estratégias de negociação é o mesmo, ganhar dinheiro na valorização de ações, comprando-as a um preço baixo e vendendo-as quando o preço estiver em alta, assim é possível se ter rendimentos consideráveis e de forma rápida, por isto são tão interessantes para quem quer investir no curto prazo. Este modelo é totalmente diferente dos investimentos a longo prazo em ações. Para o perfil de investidor de longo prazo o que interessa é o pagamento de dividendos de uma empresa, que nada mais são que a divisão dos lucros que ela apresentou no período, então vejamos que não é o foco principal ganhar com a valorização apenas de uma ação.

Swing Trade: Esta estratégia de negociação segue o mesmo princípio da *Position*, a questão é que o tempo de análise e decisão para a compra e venda de uma ação é menor, ficando entre dias e até semanas para a tomada de decisão.

Day Trade: Quase que de forma autoexplicativa, o *Day Trade* funciona com a mesma lógica que as demais estratégias de negociação, mas com intervalo de análise entre compra e venda de uma ação de apenas um dia, o que o faz ser um modelo bastante influenciado pela especulação do mercado de ações. Me arriscaria a dizer que é única e exclusivamente baseado no contexto especulativo, mas existem pequenas possibilidades de um ganho substancial baseado em uma valorização concreta de uma ação, mesmo que sejam muito remotas.

Tipos de Instituições Financeiras

Agora já sabemos como funcionam os investimentos de curto e longo prazo e como é o processo de aplicação em ambos funciona, será necessário conhecermos os tipos de instituições financeiras e qual seu papel na sociedade, pois será através delas que você realizará a maioria de seus investimentos, sejam eles quais forem.

Primeiramente vamos compreender o que são instituições financeiras. Assim, compreender quais tipos e quais suas finalidades ficará muito mais fácil. Instituições financeiras são responsáveis por captar recursos de agentes superavitários e emprestá-los aos agentes deficitários e intermediar as negociações de compra e venda de mobiliários. Entende-se como agentes, personalidades jurídicas capazes, que se trata de qualquer pessoa física, jurídica ou organização que seja capaz de responder perante a sociedade sobre seus bens e atos. O simples fato de achar quem tenha recursos para poder emprestá-los a quem precisa, pode não parecer algo tão fundamental para a sociedade quanto realmente é, e para explicar quão essencial essa atividade é, iremos utilizar um exemplo simples. Suponhamos que um estado necessite construir uma hidroelétrica para assegurar o fornecimento de energia a uma determinada região e viabilizar seu desenvolvimento econômico, mas não tenha recursos para isto. Será através de uma instituição financeira que ele buscará um empréstimo para financiar o projeto. O mesmo acontece com qualquer outro tipo de necessidade econômica, onde seja necessário recurso para financiar algo, desde a compra de um imóvel até o financiamento de pesquisas para a cura de doenças. Por este motivo, as instituições financeiras são tão fundamentais para o funcionamento econômico de uma sociedade. Compreendido o que são instituições financeiras e qual sua função na sociedade é hora de ver quais os tipos de instituições e as atividades exercidas por cada uma.

Instituições Financeiras Federais

As instituições financeiras federais são empresas consideradas estatais, pois possuem o governo como acionista controlador. Elas são mantidas de tal forma por, supostamente, terem responsabilidades sociais a serem asseguradas, como permitir acesso a linhas de crédito a população, dentre outros serviços que visam o desenvolvimento do país. Apesar de contarem com capital aberto em sua grande maioria, estão muito distantes de um resultado satisfatórios enquanto empresas, se comparadas com empresas do setor privado com a mesma atividade. Seus indicadores de desempenho estão muito aquém do aceitável, sendo válvula de escape para "contabilidade criativa" quando o governo precisa de recursos devido a problemas oriundos de corrupção ou má administração. Existem diversas instituições financeiras federais, dentre as mais importantes podemos citar BDNS, Banco do Brasil e Caixa Econômica Federal.

Instituições Financeiras Privadas

As instituições financeiras privadas são, em sua maioria empresas de capital aberto e estão basicamente divididas em dois tipos de instituições, as que ter permissão para conceder crédito e as que não tem permissão de conceder crédito. As que possuem permissão de conceder crédito, tradicionalmente, são bancos comerciais nos modelos convencionais que conhecemos, já as que não tem permissão de conceder crédito se dividem entre brancos de investimento, corretoras e gestoras.

Em Quais Instituições Investir?

Para realizar investimentos, sejam eles de curto ou longo prazo, você encontrará opções em instituições federais e privadas. O que você precisa saber é que existem instituições que possuem conflito de interesse e outras não. Estes conflitos são ocasionados por onde os recursos estão e para onde eles podem ir, para ficar mais claro vamos utilizar o exemplo mais comum para quem está iniciando investimentos, que é procurar opções de investimento do banco no qual se possui conta. Por uma questão de facilidade e confiança, as pessoas tendem a iniciar no processo de investimentos desta forma, utilizando o banco que já conhecem, o que elas não sabem é que o banco deseja manter os seus recursos circulando dentro dos seus limites, por este motivo deixa de lhe oferecer opções de investimentos com taxas de rendimentos melhores do que as que possui. Temos então um conflito de interesses aqui, já que obviamente você deseja ter as melhores taxas de rendimento, liquidez e risco para seus investimentos, mas estes não serão oferecidos a você se forem de outra instituição. Investir em bancos comerciais tradicionais talvez não seja uma boa opção, por isto você precisa sempre olhar as ofertas em mais de uma instituição. Particularmente gosto das corretoras de valores para ter opções de investimentos, principalmente em fundos imobiliários, desde que não sejam propriedade de algum grande banco, o que é bastante comum, pois assim teremos o mesmo conflito de interesses citado acima. Um investimento utilizando corretoras pode lhe dar um portfólio maior, indo das mais variadas ações até fundos internacionais, compra de ativos em ouro e opções de câmbio em moeda estrangeira. Uma outra opção bem interessante para investimento são os "robôs", que consistem em algoritmos inteligentes que atuam como um corretor supereficiente para seus investimentos. Este modelo de investimento requer um aprofundamento sobre o assunto, pois é um tema mais complexo. Acredito que vale o estudo e talvez seja a melhor opção atualmente para quem procura investir em ações. Logo a seguir farei alguma considerações que deixarão isto claro.

Considerações Finais Sobre Investimentos

Como falamos no início deste capítulo, iniciamos as orientações sobre investimentos em uma ordem lógica, sendo da mais relevante primeiro e a menos relevante a última, considerando o cenário de alguém que está começando a investir agora, claro. Fato é que sem investir você dificilmente conquistará sua independência financeira. E consideramos que, para quem está começando esta jornada, ter um fundo de emergência e investir em si mesmo é mais importante que investir em ações, por este motivo deixamos os investimentos no mercado de ações por último. O motivo para termos feito desta forma é fazer com que você otimize seus resultados, evitando perder tempo e dinheiro em investimentos que não te darão retorno e sim frustração. Não quer dizer que você não pode investir na Bolsa de Valores, mas realmente não recomendo até você ter um aporte financeiro que não precise mais do dinheiro que irá investir. Talvez isto tenha te deixado um pouco frustrado, pois investir em ações parece muito sedutor e emocionante, ter chance de comprar ações e vê-las subir gerando ganhos rápidos é se sentir um pouco "Lobo de Wall Street", mas a realidade é muito menos reluzente do que parece. O mercado de ações é dominado por grandes investidores ou empresas especializadas que surfam nas boas novas antes que qualquer um e, infelizmente, pequenos investidores ficam sempre no final do pico de valorização de uma ação, ou nem sequer chegam a ter essa oportunidade. Eles que ditam as regras do jogo e você será apenas mais uma vítima influenciada pela onda que eles criam. Por isto, os grandes investidores são chamados de "tubarões" e pequenos investidores de "sardinhas", que vivem à mercê de ruídos ou especulações criadas por quem domina o terreno. Eles utilizam de informações privilegiadas para negociar e usam as especulações a seu favor para valorizar ou desvalorizar uma ação. Já os pequenos investidores seguem estas especulações movidos pelo chamado efeito manada, onde tendemos a seguir o mesmo caminho que todos estão seguindo. Mas vamos considerar a possibilidade de você ser um gênio do mercado de ações e conseguir furar a onda, vencendo informações privilegiadas e os ruídos criados pelas especulações. Ainda assim, você terá que travar uma luta desleal com os robôs, que vão esmagar seus sonhos e te deixar como uma criança que se perdeu dos pais no shopping. E lembre-se, caso você pense em usar robôs para ter uma chance contra os "tubarões", você terá que aceitar a realidade que os robôs oferecidos a você não são os mesmos oferecidos aos grandes investidores, o que seria mais ou menos como você ter um carro popular para competir com um superesportivo. Mesmo assim, sem dúvidas, é melhor que andar a pé, o que seria o caso de você tentar investir sem esse recurso. Por este motivo, recomendei anteriormente a opção de investir em robôs, que acredito ser a opção mais promissora dentre as menos promissoras, se bem me entende. Mas caso você ainda não tenha se convencido, fique à vontade para se aventurar e investir. Se desejar provar por sua própria experiência, recomendo que compre um curso de como se tornar um *day trader* de algum destes "gurus" de investimentos, que aliás não ficaram ricos fazendo *day trade* ou negociações na bolsa. Ao final, além de frustrado, infelizmente você terá a sensação de ter participado de trabalho escravo voluntário e ainda ter pagado para isto.

Investimentos imateriais

Investimentos imateriais ou investimentos para a vida, como gosto de chamar, são investimentos que mudam sua perspectiva e te dão suporte a prosseguir nos seus objetivos. Não se trata da aquisição de algo tangível, na maioria das vezes. E quando é algo material, a materialidade em si não é sua função principal. O investimento mais importante, na minha visão, sem dúvidas é o conhecimento, que por sua vez é imaterial, e todos os demais investimentos, inclusive os que vamos citar neste trecho, o circundam. Neste final de capítulo sobre investimentos, vamos falar muito sobre valores e crenças, algo que parece fugir do frio da teoria dos números e das ciências exatas. Mas ao final você verá que a transmissão destes valores como ensinamentos servem de suporte para sua caminhada. Vejamos brevemente a história dos judeus, uma nação unida exclusivamente pela crença e que, proporcionalmente, se comparada a outros povos, é o povo que possui a maior renda per capita por indivíduo no planeta. Este fato deve-se a história de perseguição que o povo judeu carrega, que vai desde a escravidão no Egito até o holocausto na Segunda Guerra. Estes acontecimentos fizeram com que o povo judeu aprendesse a empreender e acumular objetos de valor, pois, por diversas vezes, todos os seus bens foram tomados e foi necessário recomeçar do zero. Valores e costumes passados de geração em geração, como comércio e investimento em bens que pudessem ser carregados e de grande valor - como o ouro, por exemplo - os levaram a atingir uma eficiência financeira muito grande. Analisando esta trajetória fica claro que valores culturais podem ser uma ferramenta fundamental para o sucesso financeiro, por este motivo citaremos alguns. Lembre-se, os investimentos imateriais que citarei a seguir são uma opinião pessoal que foi construída através de minhas próprias experiências e de fatos históricos que pude observar. Como falei acima, esses investimentos imateriais que citarei devem servir de suporte e inspiração para que você prossiga em seu caminho, e que nada mais passam de conhecimento ou se relacionam diretamente a ele.

1º Investimento: Compre uma Bíblia e leia os livros de Provérbios e Eclesiastes. Independente da questão sobrenatural ou religiosa, este livro contém muitos ensinamentos sobre dinheiro e como lidar com as mais diversas situações que a falta ou a abundância dele traz. Os livros de Provérbios e Eclesiastes foram escritos por Salomão, tido como o homem mais sábio e rico que já existiu na Terra. Para efeito de comparação, Salomão é citado desta mesma forma em diferentes fontes, como Bíblia Sagrada dos cristãos, na Torah judaica e no Alcorão do islã. Sua sabedoria e riqueza eram infindáveis e, utilizando os relatos das escrituras e corrigindo sua fortuna aos dias atuais, o valor seria equivalente a US$ 7 trilhões de dólares. Levando estas informações em conta, acredito que seja muito relevante o conteúdo financeiro, além de conter trechos muito interessantes para quem se interessa pela história humana.

2º Investimento: Empreenda e produza algo! Aprendi isto observando um empresário dono de uma rede de restaurantes de beira de estrada, o qual tive a oportunidade de ter como cliente. Além de sua rede de restaurantes que está distribuída por todo o Brasil, ele ainda possui uma das maiores companhias de ônibus do país e uma rede de churrascarias presente em 11 países. A lição é simples, ele só chegou a este nível de sucesso pelo fato de produzir o que comercializa, pois quem produz algo conhece intimamente o produto e sua aplicação e sabe exatamente onde ele é útil. Você não precisa ter uma indústria para produzir algo. Você pode confeccionar desde brigadeiros até infoprodutos, como um curso online, mas dê prioridade para o que você pode escalar. A chance de sucesso para quem pensa como produtor e sabe que tem um produto que possa ser vendido em larga escala, é muito maior do que a de alguém que não produz nada ou produz algo sem escalabilidade, isto é, algo que pode ser vendido e consumido uma única vez, como um brigadeiro. Vender um brigadeiro gera mão de obra, compra de ingredientes, tempo de preparo, embalagem, etc. Agora, um livro ou um curso digital, por exemplo, é escalável porque os custos, o tempo, a mão de obra e etc para fazê-los é um só, ainda que você venda uma única vez ou cem mil vezes o produto.

3º Investimento: Este tipo de investimento é para quem é amante dos animais. Se você não é muito afeito aos bichos, pode ignorar este trecho. Mas se você gosta da companhia destas criaturas adoráveis, sem dúvida vai fazer este investimento sorrindo. Tenha um animal de estimação, de preferência um que interaja com você! Sempre tive a oportunidade de ter animais incríveis, sendo que a lista vai desde répteis e pássaros, até chegar aos pets convencionais. Então posso afirmar que existem animais de estimação que interagem com você, como um cachorro, e outros que nem tanto, como um peixe, por exemplo. O fato é que em diversos momentos de minha vida um animal de estimação fez toda a diferença, em especial os cães que tive e vou citar algumas vantagens aqui. Um cão é uma companhia que irá encher seu dia de alegria, pois serão diversas as situações engraçadas que você irá presenciar, você terá uma vida mais ativa levando seu companheiro para passear e você terá a responsabilidade de se desligar ao menos alguns instantes de qualquer problema para estar com seu amigo de quatro patas. Estas pequenas coisas que citei acima serão o suficiente para prevenir uma depressão, para que você se exercite um pouco, veja o ambiente externo, possa olhar para o céu e faça uma pausa no seu dia para romper o ciclo desgastante das atividades diárias. Óbvio que nem tudo são flores, você precisará cuidar de seu animal de estimação que lhe dará trabalho, mas a recompensa valerá a pena. E em tempos como o que estamos vivendo, onde o isolamento social se faz presente devido a pandemia, um cão pode ser a diferença entre a sanidade e a loucura, afinal, ele sempre estará com você fazendo companhia. Atualmente possuímos dois cães maravilhosos, os quais eu e minha esposa temos muita sorte em dividir nossos dias, um golden retriever, de 1 ano, chamado Sherlock e uma filhote de pastor alemão, de 4 meses, chamada

Mabel. Sem dúvidas é uma experiência maravilhosa e somente quem possui um animal de estimação pode descrever. Neste exato momento, enquanto escrevo este livro, meus dois cães estão embaixo de minha mesa e cadeira, me fazendo companhia, e assim é o dia todo. Se eu deixar meu escritório para ir à cozinha pegar um copo de água, eles irão atrás, e farão da mesma forma quando eu retornar a minha mesa. Você jamais estará sozinho! No intervalo entre uma página e outra, alguns carinhos, risadas e momentos divertidos juntos. Tudo isso libera serotonina no meu corpo, me deixa feliz, me dá bem-estar inclusive para render mais do que eu normalmente poderia render.

4º Investimento: Invista em sua saúde: Não há propósito em ter dinheiro se não puder aproveitá-lo. E para isto, você precisa gozar de boa saúde e, em um futuro próximo, o dinheiro deve ajudar a assegurá-lo de sua saúde. Para ter ciência disto, basta perguntar aos que não gozam de boa saúde se não dariam todo o dinheiro do mundo para estarem saudáveis. O dinheiro deve ser um facilitador para as coisas, promovendo acesso e segurança, isto inclui tempo para cuidar da saúde e especialidades que melhoram e prolongam a qualidade de vida, mas a jornada até ele não pode custar seu bem-estar. Mesmo que em diversas situações isto seja inevitável, como quando ocorre um aumento da carga de trabalho ou o estresse em situações que envolvam ganhar dinheiro, você jamais deve renunciar ao descanso adequado e a momentos de lazer. Procure sempre fazer alguma atividade física, dedique tempo a algo que você goste de fazer, tenha algum hobby, passe tempo com sua família e amigos e procure ter boas noites de sono. Você precisa estar bem para que tenha motivação e disposição para atingir seus objetivos!

Capítulo 4 - Produtividade

Agora iniciamos o capítulo que atesta a eficiência com que realizamos as tarefas em prol de nossos objetivos, pois a produtividade é um fator que diferencia as pessoas de sucesso das demais. É a produtividade que determina quem cruza primeiro a linha de chegada, não importando quando foi dada a largada. A produtividade está ligada ao consumo eficiente do maior patrimônio que qualquer um de nós pode possuir: o tempo! Quanto mais eficiente for o seu consumo de tempo, maior será o seu grau de sucesso. Ter produtividade é muito mais que apenas conseguir executar tarefas de maneira rápida, mas sim executar tarefas com inteligência e de modo que o resultado alcançado é mais significativo que o volume. Com esta visão começamos a determinar a produtividade como sinônimo de qualidade e resultado, e não de quantidade e resultado. Assim, escolhendo de forma inteligente e estratégica qual tarefas executar e com alto padrão de qualidade, sua produtividade será um divisor de águas no caminho para o sucesso. Aqui começamos a moldar nosso modo de produtividade e damos o primeiro passo para ser realmente eficiente. Então lembre-se, o começo de tudo é escolher quais "batalhas" você irá lutar, pois seus esforços devem ser empregados com objetivo em algo que antes fora planejado, dando preferência para às atividades que darão um melhor resultado para alcançar sua meta. Claro, nem sempre é possível prever que o resultado será alcançado com todo o sucesso pretendido, mas escolher bem e planejar quais tarefas irá executar, diminuem muito as chances de algo dar errado, ao contrário de simplesmente fazer as coisas a esmo e contar com a sorte para que tudo dê certo. Veremos um conjunto de ferramentas que me ajudaram a ser mais produtivo e motivado. Não veremos aqui nada de técnicas mirabolantes ou impossíveis, que são comumente apresentadas como soluções mágicas. Apresentaremos a você conceitos simples e claros, alguns deles já conhecidos ou familiares para você, mas talvez não os tenha aprofundado ou não saiba como colocá-los em prática. Então vejamos!

Planejamento:

A primeira ferramenta que você deve saber usar a seu favor é o planejamento, pois ele determina de forma estruturada como você vai executar suas tarefas e isto vale deste as tarefas mais simples até os grandes projetos. Para que você possa organizar melhor seu planejamento, vamos citar aqui uma pequena divisão hierárquica que ajudará você a estruturar seus projetos. Em minha formação em sistemas aprendi sobre gerenciamento de projetos, e esta simples estrutura clareou meus caminhos para que pudesse saber como distribuir as minhas demandas e o que executar primeiro. Em gerenciamento de projetos, damos o nome para todas as execuções da seguinte forma:

1. Projeto: Primeiro ou maior nível hierárquico

2. Processos: Segundo nível, sendo um grupo ou um processo responsável para compor um projeto

3. Atividades: Terceiro nível, que em conjunto, é responsável por compor um processo que, por sua vez, compõe o projeto.

4. Tarefas: Quarto nível, que em conjunto compõem uma atividade e assim, sucessivamente até o primeiro nível, compondo o projeto de acordo com a estrutura hierárquica apresentada acima.

Esta estrutura ajudará você a saber que as demandas menores são chamadas tarefas que, ao serem finalizadas, terão concluído uma atividade, que por sua vez fazem parte de um processo e que ao serem concluídas, finalizarão um processo e assim até a conclusão do projeto como um todo. É importante compreender esta estrutura, pois além de conseguirmos organizar melhor nossos projetos, também passamos a compreender como os longos atrasos ocorrem. Quando a pergunta é "como um projeto pode atrasar por anos?", e a resposta é simples, "um dia de cada vez" e, em um menor nível, uma tarefa de cada vez. Aqui nos deparamos com a importância da execução de pequenas tarefas, que ao seu final nos darão a realização de um projeto. Estamos colocando isto desta forma para reforçar a importância da execução das pequenas coisas e que as pequenas conquistas levam às grandes conquistas, além disto, irá servir de base para sugerirmos adoção de hábitos que irão favorecer seu planejamento e impactar positivamente em sua produtividade. Abaixo vamos citar ferramentas e hábitos que irão dar clareza ao planejamento de qualquer projeto que você tenha e que, se seguidos os passos corretamente, lhe darão o resultado que busca.

1.   Organize suas tarefas em uma agenda: Apesar de parecer uma coisa simples e remeter a época de escola, é um hábito muito efetivo. E quanto mais simples essa rotina for, melhor! Pois demandará menos tempo para organizar e as informações ficarão mais claras. Você pode usar o formato que mais lhe agradar, desde anotações na agenda do celular até uma agenda simples de papel. Particularmente gosto de utilizar agenda de papel, não que seja algo antiquado, mas sim de uma sofisticação superior aos celulares, a meu ver. Utilizando este formato simples, posso ter ela em modo de consulta rápida, registrado sem problemas de perda de informação e posso deixá-la sempre em lugar estratégico que faça parte da minha rotina. Nesta agenda, comece planejando a curto prazo. No dia anterior, tente organizar suas tarefas e atividades do dia que virá, isto servirá de exercício para que você possa se organizar. Ao final do dia, cheque suas atividades e marque todas as tarefas e atividades que concluiu com um sinal positivo e as tarefas e atividades que não concluiu com um sinal negativo. Isto lhe dará clareza sobre como seu dia evoluiu e ajudará a motivá-lo a concluir todas as tarefas que se dispôs a fazer naquele dia.

2.   Considere utilizar um mapa mental: Caso nunca tenha ouvido falar em um mapa mental, uma breve pesquisa no Google lhe dará o conceito sobre esta

ferramenta, mas já lhe adianto que é algo bem simples e muito útil. Um mapa mental consiste em uma ferramenta gráfica para relacionar as ideias e pode conter vários formatos, mas o mais comum é um com uma palavra ou ideia central e, ao redor dela, tópicos ou ideias correlacionadas. Abaixo vou colocar um exemplo simples de mapa mental para que você possa compreender melhor. Nele podemos ver que a partir de uma ideia ou palavra, é possível estruturar todo um projeto e é uma ferramenta excelente para realizar anotações e rascunhar o esboço inicial.

Figura 1:

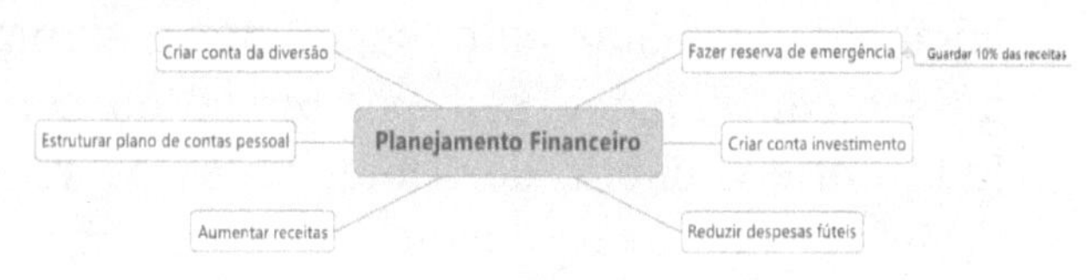

3.   A lei da intenção decrescente: De nome estranho e pouco esclarecedor, a lei da intenção decrescente foi descrita por Jim Rohn e descreve que a probabilidade de algo se realizar, diminui quanto mais longe fica do momento da inspiração inicial. Antes de ouvir Jim Rohn, e chamar esta atividade por esta terminologia, eu a conhecia no meio administrativo como "probabilidade da intenção". E realmente esta

teoria se comprova, pois quanto mais tempo levamos para iniciar algo que idealizamos, menor são as chances de ser concretizada a ideia. Um exemplo notório disto são as promessas de réveillon, que já morreram na primeira semana de janeiro, ou aquela dieta que ficou para a próxima segunda, mas que nunca irá se concretizar. Não podemos negar que é um conceito bem interessante, mas precisamos saber afinal qual a lição a ser retirada destas observações, e como utilizá-la como ferramenta a favor da nossa produtividade. A lição é que não devemos deixar as ideias para depois. Iniciar a execução de um projeto que será positivo tem que ser o quanto antes. E agora, vou lhe mostrar o grande segredo para que isso funcione, já que nem todos os projetos podem ser iniciados imediatamente, sejam por estarem além de nossas capacidades, seja por tempo ou por recursos. Então crie o hábito de anotar todas as suas ideias e projetos no exato momento em que as teve. Independente do que esteja fazendo, tente arrumar um tempo e realize as anotações iniciais. Assim que possível, coloque a sua ideia em um mapa mental, ou algo semelhante, e evolua os pontos necessários para que o projeto seja executado. Mesmo que você não dê sequência naquele momento ao projeto, ao menos defina o escopo para que a ideia não se perca e para que você possa retomar. E claro, lembre-se que o quanto antes você iniciar, maior chance de concretizar seu projeto.

4.   Escolher os projetos: Lembre-se, um projeto é composto de processos, atividades e tarefas. A conclusão de pequenas tarefas que tornam realidade um projeto, e não importa qual tamanho ele tenha, esta regra é sempre a mesma. A importância de termos isto fresco em nossas mentes é que, durante o nosso dia, tomamos centenas de pequenas decisões - ou tarefas, se assim preferirmos chamar - e estas pequenas decisões que traçam o rumo de nossa produtividade. Ao fazer as escolhas alinhadas com nossos objetivos, caminhamos rumo a sua concretização. Por outro lado, se nossas escolhas estão sendo feitas em direções aleatórias, nossos projetos não se concretizarão. Esta lógica é fundamental para realizar nossos objetivos, pois quando falamos em escolher quais projetos colocar nossos esforços, significa muito mais que apenas decidir o que se gostaria de fazer, e sim renunciar a pequenos prazeres ou distrações. Para que fique mais claro o impacto que pequenas escolhas têm em nossas vidas, vamos utilizar o conceito de *deep work* e *shallow work*. Estes dois conceitos determinam quanto de nossa atenção uma demanda requer, sendo que em *deep work* temos atividades que exigem um aprofundamento e utilizam toda nossa capacidade cognitiva para serem executadas, enquanto *shallow work* se resume em atividades que exigem pouco raciocínio, ou seja, ficando apenas na *surface* do assunto. Daí então vêm os conceitos *deep work,* trabalho profundo, e *shallow work,* trabalho raso. Dentre as atividades que se classificam como *deep*

work, podemos citar o trabalho desenvolvido por a programadores de computador, médicos cirurgiões, pilotos de avião, controladores de voo etc. Os profissionais que executam estas funções precisam dedicar cem por cento de sua atenção e capacidade cognitiva durante o processo, precisam se aprofundar no que estão fazendo, pois não podem ter distrações de qualquer natureza. Quando falamos de *shallow work,* estamos tratando de demandas que requerem menos atenção, podemos citar dentre elas a função de um embalador de compras em um supermercado, por exemplo. E apesar de ser uma atividade importante, ela não exige um aprofundamento de raciocínio para ser executada. Lembre-se não tenho o intuito de desmerecer nenhuma profissão, mas existem atividades que exigem mais dedicação e raciocínio que outras, e isto sendo um fato, pode servir de objeto de estudo. Agora que entendemos, ao menos superficialmente o que é *deep work* e *shallow work,* podemos ver como a escolha de nossas tarefas diárias se relacionam com este conceito. O primeiro ponto que temos que observar é que, ao longo da história, as tarefas mais simples vem sendo substituídas por processos automatizados, gerando a extinção de milhares de funções classificadas como *shallow work,* o que também gera uma desvalorização deste tipo de mão de obra. Por outro lado, as funções que não podem ser automatizadas passaram a ter uma maior relevância e valor. Somente com esta primeira análise podemos concluir que, estar ligado à atividades classificadas como *shallow work* não parece ser muito vantajoso no mundo atual e de fato não é, pois cada vez mais, a busca por profissionais capazes de performar atividades em *deep work* tem aumentado. Sabendo agora que atividades classificadas como *shallow work* são facilmente substituídas, fica claro que devemos evitar ficar na *surface* e buscar atividades que exijam uma profundidade. Trazendo este conceito para as escolhas de nossas atividades, temos o seguinte cenário. Após definidos nossos projetos, temos que decidir como vamos performar. Se vamos nos dedicar profundamente ao que estamos fazendo ou se iremos nos cercar de tarefas *shallow work.* E para isto basta observar as interrupções diárias que comprometem a realização de um trabalho. Para deixar mais claro, podemos idealizar um exemplo simples. Vamos supor que você deseje escrever um livro, você pode escolher se aprofundar nesta atividade e ver sua produtividade gerar resultados ou ficar *surface,* sendo interrompido a todo instante por outras atividades de menor relevância, como checar e-mails, mensagens de WhatsApp, verificar notificações em redes sociais e tudo mais que podemos classificar como *shallow work.* O conceito de *deep work* c *shallow work* está muito mais além do que simplesmente na nobreza de uma atividade, mas sim na escolha a todo e qualquer momento em algo que lhe favoreça, que esteja alinhado com seus objetivos. Atualmente podemos denominar três tipos de pessoas que performam em *deep work:*

- Pessoas que performam bem com máquinas inteligentes: Programadores, pilotos de avião etc.
- Pessoas que são as melhores no que fazem: Quem decidiu ser o melhor naquilo que ele faz, buscando incessantemente a excelência.
- Pessoas que tem acesso ao capital: Pessoas que tem acesso a recursos, podendo realizar investimentos gerando ainda mais recursos, popularmente descritos como "ricos ficando mais ricos".

Dentre estas três personas, eu transito entre os que performam bem com máquinas inteligentes, devido a minha formação em sistemas e carreira na área, e pessoas que decidiram ser o melhor no que fazem, por escolha de querer ser bem sucedido. Estas duas personas viabilizaram que eu chegasse à terceira opção, ou seja, as pessoas que têm acesso ao capital. E este é o destino de todos os que aprendem o real significado do que é performar em *deep work*. Compreender o real significado de trabalhar profundamente e de estar focado em algo é essencial para o sucesso. Não devemos confundir isto com outro termo muito conhecido chamado *hard work*. Trabalhar duro, como este termo sugere, não significa em hipótese alguma que você mudará de vida, pois de nada adianta trabalhar exaustivamente em algo que não lhe trará um retorno que esteja de acordo com seus objetivos. Já tive a oportunidade de trabalhar com muitos profissionais que davam duro e faziam com muita paixão a função que exerciam, e sabe quantos deles estão financeiramente prosperando hoje? Nenhum! Então se você tem vocação ou paixão por algo, e isto está ligada a uma área que gera riqueza, considere-se uma pessoa abençoada. Mas se a sua real vocação está ligada a uma área pouco remunerada na sociedade, você precisará buscar com inteligência se tornar o melhor naquilo que você faz. Ser o melhor em algo não que dizer o que trabalha mais, mas sim aquele que performa com maior qualidade. Antes de finalizarmos este quarto tópico, vamos lhe apresentar as quatro filosofias do *deep work*.

1. Filosofia monástica: Vinda do conceito dos monges, conforme o próprio nome sugere, esta filosofia é baseada no isolamento, desconectando-se de tudo e trabalhando sem interrupções. Para este método de *deep work* você precisa de imersão total, desligando-se de contatos com outras pessoas, redes sociais, e-mails, e quaisquer contato com o mundo exterior. Isto pode ser um período do seu dia ou durante todo o processo de trabalho, ambas as formas funcionam. Entretanto, os adeptos desta filosofia defendem um isolamento total para um resultado sem vícios externos. Então se você se identifica com esta filosofia e tem condições, vá para os confins do mundo e comece a trabalhar.
2. Filosofia bimodal: A filosofia bimodal consiste em ter um período de isolamento para criação

e um período de interação com o mundo exterior para execução do projeto. Este modelo de filosofia é muito adequado a quem trabalha com projetos que envolvem a criação e validação do criativo, pois permite que durante o projeto você valide o que for possível na execução no mundo real. Esta filosofia é minha preferida e de outras pessoas também, como é o caso de Jeff Bezos, CEO da Amazon, pelo simples fato de que nela você tem a oportunidade de observar se o projeto que está criando é viável na prática ou não, e pode aperfeiçoá-lo ou até encerrá-lo em um tempo menor.

3. Filosofia rítmica: É a filosofia que pode ser combinada as demais, pois ela é baseada na constância de entrega, ou seja, o aprofundamento do trabalho vem da consistência e da quantidade. Quanto mais alguém produz algo, existe uma tendência de que o resultado melhore a cada entrega, então você pode trabalhar utilizando outras filosofias como a principal e combinar a constância na entrega, melhorando assim a qualidade de seus resultados. Posso citar por exemplo o processo de criação de meus livros e cursos, ao invés de criar apenas um curso e um livro e partir para outros projetos, procurei fazer uma sequência destes conteúdos, e a cada livro publicado e curso lançado o resultado melhorou.

4. Filosofia jornalística: Esta é a filosofia que acelera suas entregas e força sua execução, ela vem do conceito de "última hora", da *dead line,* ou seja do prazo fatal, assim que o projeto se inicia, existe um prazo curto para a entrega, forçando que você execute o que precisa. Gosto desta filosofia, pois quando temos um prazo muito longo para entregar algo, existe uma tendência grande à procrastinação, deixando para o prazo final a execução. Assim como aquele trabalho de escola ou projeto no trabalho, que no último momento, temos que nos esforçar para entregar e a produtividade parece ser a maior que já tivemos na vida. Em minha rotina, os prazos dos projetos são eu que defino, pois a escrita de um livro ou a gravação de um curso ou o início de uma nova mentoria, dependem exclusivamente de mim. Então eu procuro trabalhar com prazos curtos, para que meu rendimento aumente, pois caso não faça desta forma e não estipule um prazo, ou estipule um prazo longo demais, a definição de urgência cai e a entrega fica comprometida.

Motivação:

A motivação é o combustível da produtividade, simples assim! Sem ela não importa seu planejamento, pois, dependendo das circunstâncias, nem motivação para fazer o planejamento pode haver. Mas então como nos manter abastecidos de motivação suficiente para que possamos fazer nossos projetos caminharem? A motivação está ligada, principalmente, aos sentimentos, por este motivo manter um equilíbrio sentimental favorável ao que se deseja é fundamental. Este equilíbrio pode ser alcançado utilizando o conceito da equação da procrastinação, proposta por Piers Steel. Em seu livro *The Procrastination Equation,* Piers nos apresenta a "fórmula" da motivação e estou citando seu método aqui por ser realmente efetivo. Se analisarmos a equação veremos quais pontos precisamos ajustar para chegar ao equilíbrio emocional que mantém o tanque da motivação cheio. Então vejamos abaixo a equação que explicarei em seguida:

Motivação = Expectativa x Valor
            Impulsividade x Prazo

Na equação temos que motivação é expectativa x valor na parte superior e impulsividade x prazo na parte inferior, seguindo os conceitos matemáticos temos que aumentar os valores da parte superior e diminuir os da parte inferior. E para deixar mais claro vamos explicar o que representam cada um dos valores da equação.

- Expectativa: Determina o quanto de expectativa você tem a cerca de um projeto. Se o projeto é algo que você deseja muito, existe uma grande chance de você trabalhar profundamente nele (*deep work*).

- Valor: Determina o quanto de valor um projeto gera para você e pode ser valor material ou imaterial, depende da relevância que você definiu para ele.
- Impulsividade: Determina o grau de resposta que você dá a estímulos externos, como mensagens de WhatsApp, por exemplo (*shallow work*).
- Prazo: Determina o quanto de tempo você tem para a entrega de um projeto.

Retornando aos princípios matemáticos e, agora sabendo do que se tratam os valores da equação, fica claro o porquê devemos aumentar os valores na parte superior da equação e diminuir os valores da parte inferior da equação, gerando um equilíbrio emocional favorável à motivação. Se você possui uma grande expectativa a respeito do projeto, mas não gera valor para você, não será suficiente para mantê-lo motivado. O mesmo acontece com o valor, o projeto pode gerar muito valor para você, mas se é uma atividade que você detesta fazer, ela muito provavelmente não te motivará o suficiente. Quanto maior este dois valores forem na sua equação, mais motivado você estará, por outro lado se a impulsividade estiver alta, você não conseguirá performar um trabalho profundamente e se o prazo for muito longo você não terá a noção de urgência. Então mantenha expectativa e valor altos, a impulsividade próxima de zero e o prazo mais curto possível.

Além da equação da motivação existem três hábitos que considero fundamentais para minha motivação e acredito que irão te auxiliar muito na sua produtividade e os explicarei abaixo:

- Inspire-se em quem já fez: Busque inspiração em quem já chegou aonde você quer chegar. E não me refiro a bajulação, pois se inspirar em alguém não quer dizer tornar a pessoa seu ídolo, coisa que aliás não recomendo. Quando nos sujeitamos a chamar alguém de ídolo, nos colocamos em condição de inferioridade, passando da admiração para uma condição de submissão e a pessoa idolatrada em um patamar que nunca iremos alcançar. Contudo, não existe problema nenhum em ter bons exemplos de quem já trilhou o caminho que desejamos trilhar. Leia a biografia de pessoas de sucesso, estude o modo de vida delas e seja grato ao universo pelo sucesso destas pessoas e por você pode aprender com suas histórias. E lembre-se, se elas podem, você também pode!

- Movimente-se: A motivação é comumente vista como uma ligação entre ação e um estado emocional, ou de espírito, como algumas pessoas gostam de classificar, e às vezes a plataforma que suporta essa execução é deixada de lado, esta plataforma nada mais é do que nosso corpo. Não vou entrar no mérito de qual atividade você deve fazer, mas sim em fazer algo. Se o seu corpo não está minimamente saudável, você terá sua motivação comprometida. Podemos constatar isto diante de um exemplo simples, observemos o que um simples resfriado pode fazer com seus resultados em apenas uma semana. Veja que neste caso não existem questões emocionais, mas simplesmente físicas, afinal é o corpo que está acometido de um resfriado. Então escolha alguma atividade que tenha apreço, vale de tudo, meditação, yoga, corrida, artes marciais etc. Particularmente prefiro atividades que fujam do convencional e ofereçam estímulo físico e mental, como artes marciais e esportes outdoor, pois aprecio a disciplina e as experiências com mundo externo que eles proporcionam.

- Crie pequenas recompensas: Esta é uma de minhas táticas preferidas, pois nada me motiva tanto quanto estipular um prazo curto acompanhado de uma pequena recompensa. A estratégia é simples, estipule um prazo para seu projeto e estipule também uma pequena recompensa para você caso consiga concluí-lo conforme o determinado. A recompensa pode ser algo compatível com o tamanho do desafio e deve estar ligado a algo que você aprecie muito. Para pequenos projetos costumo estipular como recompensa viagens. Gosto muito de atividades outdoor, então quando concluo um projeto mais simples, me recompenso com uma viagem a locais no interior do Brasil, onde eu possa acampar e ter contato com a natureza. Para projetos maiores valem desde viagens internacionais até a aquisição de um carro que deseje pela realização e prazer de conquistar um bem material que você não precisa, mas quer.

Execução:

Agora vamos falar sobre o que realmente concretiza seus projetos, que é a execução. Sem ela o planejamento e a motivação não passam de papéis e de estado de espírito. A execução está ligada à objetividade das coisas, quanto mais objetivo você for na execução, mais claro o caminho se torna e mais produtivo você será. Sempre busco ter ideias a respeito de algo fundamentadas em algum pensamento que faça sentido para mim, e que eu já tenha testado e obtido resultado. Por isto, vou apresentar um conceito que associei a parte de execução quando o assunto é produtividade e, posteriormente, apresentarei algumas ferramentas que utilizo para manter a execução acontecendo. O conceito que vou citar foi retirado do estoicismo, ou escola estoica criada pelo filósofo présocrático Zenão. Esta filosofia é bastante ampla e provavelmente uma das mais duráveis, sendo aplicada até os dias de hoje. Como citei, estou colocando aqui apenas um fragmento do que é o estoicismo, porque ele não pode ser adotado em sua amplitude como estilo de vida e por conta da sua extensão. Se quiser saber mais sobre esta filosofia, que julgo muito fascinante, você precisará exercitar sua leitura, pois não te darei tudo mastigado aqui, mas te darei o que importa para a sua produtividade. Pude extrair do estoicismo três conceitos que ajudam a execução, porque tornam mais claras as coisas que devemos nos preocupar ou não quando estamos executando algo. Comumente, nosso dia é acometido de diversos imprevistos e que, se não tratados de maneira correta, comprometem todas as nossas intenções. Estes três conceitos me ajudam muito nisto, então vejamos quais são:

- Imperturbabilidade: É a capacidade de manter a mente concentrada no objetivo, focada, alheia aos problemas externos. Uma mente imperturbável com certeza é muito mais produtiva, pois não se permite abalar ou desestabilizar com problemas corriqueiros do dia a dia. Mesmo que existam obstáculos maiores, você pode treinar sua mente para suportá-los e transgredi-los em paz. Gosto muito de uma frase de Harv Eker, criador do livro 'Os Segredos da Mente Milionária', que diz assim: "Não existem problemas grandes demais, mas sim você que é pequeno naquele momento". Em outras palavras quanto mais preparado você estiver, menor serão os seus problemas. Então quando estiver diante de uma grande adversidade, no seu ponto de vista, olhe para você e lembre-se que o problema não é grande demais, mas sim você que está sendo pequeno diante dele. Para atingir esta estabilidade de pensamento eu recorri à meditação, ferramenta que recomendo muito, pois me permite aumentar o autoconhecimento, a concentração e ter uma paz inabalável.

- Extirpação das paixões: Consiste em submeter as paixões a luz da razão, onde o desejo e os prazeres são subalternos à razão. Neste cenário, quase como um paradoxo, fazer algo sem as intempéries das paixões te ajuda a executar as tarefas do caminho que te levam aos prazeres, que são a realização de seus sonhos.

Parece contraditório, mas enriquecer não é um passeio no bosque e será necessário abdicar de muitas paixões durante a jornada.

- Aceitação da realidade: Apesar de parecer óbvio, o fato de perceber a realidade durante a execução de um projeto é fundamental, principalmente em situações de crise. Conseguir olhar o mundo como ele realmente é em um momento de turbulência traz claridade para a situação, deixando o que é nebuloso de lado e promovendo o bom desempenho. Afinal, se você consegue tirar as vendas que o problema por si só gera, você terá chances muito melhores de resolvê-lo com rapidez e da melhor forma.

Vejamos a importância destas ações em conjunto. Se você tem uma mente imperturbável, está conduzindo as situações com a razão livre de paixões e consegue aceitar a realidade, não empregando esforços no que não pode mudar, você tem tudo que precisa para ser produtivo na execução de qualquer coisa.

O emprego destas ações me favorece muito em todos os projetos que executo e já seriam o suficiente para que você também tenha sucesso. Mas ainda sim vou citar mais quatro *hacks* que farão sua produtividade de execução decolar.

- Perfeccionismo é inimigo da produtividade: Com toda certeza você já deve ter ouvido falar no ditado popular 'a pressa é inimiga da perfeição', pois é, mas não é bem assim. De fato, se apressar em executar algo pode comprometer a qualidade de algo, mas o que não te contaram é que buscar a perfeição exagerada também atrapalha. Calma, já vou lhe explicar do que se trata. Aprendi ao longo do tempo, durante a execução de meus projetos, que sempre existe algo em um projeto que é mais importante que as demais coisas que o compõe. Para deixar mais claro vamos utilizar um exemplo simples, observemos uma simples caneta esferográfica, sua principal função é escrever através de sua ponta circular, certo? Agora vamos supor que durante a confecção desta caneta o responsável pelo projeto se atenta-se a todos os detalhes, como pegadores emborrachados e macios que tornam sua empunhadura muito confortável para a escrita, seu design muito moderno e bonito e com diversas opções de cores, mas não se atenta-se ao fato principal, que a caneta deve possuir um dispositivo com uma carga de tinta e uma ponta esferográfica para que possa ser utilizada para escrita. A caneta de nada serviria, mesmo contendo todos os detalhes que poderiam sim ser diferenciais, mas de nada valem se o objetivo principal não foi cumprido em seu projeto. Então, realizar as coisas com qualidade não quer dizer que o objetivo do seu projeto será cumprido, mantenha sempre o foco em manter a qualidade, mas dentro do principal objetivo do projeto. No processo de análise de negócios, costumamos separar os processos de um projeto. O primeiro processo que vai para o desenvolvimento de uma aplicação é tido como principal, as demais funcionalidades do processo são meras "perfumarias" que podem ser implementadas num segundo momento e, somente se forem justificadas, coisa que muitas vezes não são e apenas foram herdadas de aplicações anteriores. Então lembre-se, mantenha sempre o foco no processo principal, é ele que deve ser atendido no projeto, ser muito perfeccionista sem resolver o problema, adicionando detalhes supérfluos, te torna improdutivo e fracassado.

- Foco na solução: Esta é uma ação muito simples e óbvia, quando você tem um problema não fique se lamentando ou repensando o problema em si, mas parta diretamente para a solução. Problemas sempre geram algum tipo de custo e enquanto não são sanados continuam gerando custos. Então resolva o problema primeiro e depois avalie suas causas ou dedique o tempo necessário para se recompor dependendo do que for. A cortina de fumaça que um problema lança é parte das coisas que o tornam um problema. Eliminadas estas questões, um problema torna-se apenas mais uma demanda a ser resolvida.

- Faça o que precisa ser feito: O maior problema que muitas pessoas enfrentam no processo de execução de um projeto é a coragem e o ânimo para encarar que determinadas coisas devem ser feitas, e esta ação é muito poderosa para destravar o cérebro e criar as condições para vencer esta barreira. Quando estiver sem muito ânimo ou sem coragem para realizar tarefas ou tomar decisões que não são fáceis, se olhe no espelho e diga: - Vou fazer o que precisa ser feito! E comece a resolver o que precisa. Você verá que depois deste primeiro impulso, as coisas começam a fluir e em pouco tempo terá passado por qualquer entrave, seja ele qual for.

- Esteja sempre fazendo alguma coisa: Desde que alinhadas com seu objetivo, sempre esteja executando alguma tarefa que lhe favoreça. Claro que existem tarefas que são mais difíceis e outras que são mais fáceis. Se você estiver com disposição, comece sempre pelas tarefas mais difíceis, contudo existem momentos que sua energia pode estar baixa, então procure atividades que sejam mais fáceis, mas não deixe de executar algo que ajude a concretizar seus projetos. Por este motivo, costumo deixar as tarefas ou decisões mais difíceis para executá-las pela manhã, momento em que minha energia está mais alta, e deixo as atividades mais fáceis para momentos em que estou já cansado ou para aqueles cinco por cento do último *sprint* do dia, momento em que posso executá-las sem muito esforço.

Capítulo 5 – Canivete Suíço

Nos quatro primeiros capítulos deste livro tratamos de conceitos, ferramentas e hábitos que servem de base para prepará-lo para o que virá. Em resumo, criamos um alicerce sólido para que você construa sua liberdade financeira. Agora, diríamos que chegou a hora de aprimorar o que aprendemos através de um conjunto de ferramentas. Gosto de olhar para este conjunto de ferramentas como o meu canivete suíço, pois com ele é claro que não posso construir o alicerce de uma casa, mas com certeza irá me salvar quando eu precisar resolver pequenas situações. Um canivete suíço foi projetado para atender às demandas do exército suíço e nele foram inclusas pequenas ferramentas que seriam primordiais em momentos críticos. Como eu disse, não é possível cavar o alicerce de uma casa com ele, como fizemos nos primeiros capítulos. Para isto seria muito mais efetivo ter uma pá, só que uma pá não pode ser carregada em meu bolso e ela também não serviria para abrir uma lata adequadamente. E assim tiramos a primeira lição, que cada ferramenta deve ser usada para aquilo que foi feita e no momento adequado. Esta breve introdução serve para esclarecer a importância que existe em utilizar as ferramentas corretas e dar a devida atenção as ferramentas que são menores, mas não menos importantes, como um canivete suíço, por exemplo. As ferramentas que veremos neste capítulo sem dúvidas são menores que as vistas nos quatro primeiros, mas são muito mais sofisticadas e profundas por estarem ligadas à nossa programação mental. Somos criaturas de hábitos e mudá-los requer uma profundidade a nível celular para que possamos nos reprogramar de acordo com nossos objetivos. Estas ferramentas têm inspiração em pessoas de sucesso e no aprendizado com seus ensinamentos. Não brinco quando digo que foram centenas de livros lidos e milhares de horas de estudo e prática para separar o conteúdo que estão nas poucas linhas deste capítulo. Tudo, absolutamente tudo que está contido nelas, foi por mim estudado e colocado em prática. Colocando-as em prática eu atingi o sucesso e agora você já está pronto para receber todo este conhecimento na profundidade que ele requer. Então, peço que preste muita atenção a tudo que está escrito neste capítulo e repita isto como um mantra nos seus dias, até que esteja gravado profundamente e você passe a operar estes hábitos em "piloto automático". Dito isto, podemos ir para a primeira ferramenta.

Efeito água:

"Esvazie sua mente. Seja sem forma, sem formato. Como a água! Se você coloca água em um copo, ela se torna o copo.
Se você coloca água em uma garrafa ela se torna a garrafa. Se você a coloca em uma chaleira, ela se torna a chaleira.
A água pode fluir, mas também pode se chocar.
Seja água, meu amigo!"

Bruce Lee

Talvez você já tenha visto estas palavras em algum post em redes sociais ou em vídeos motivacionais, mas o que realmente elas querem dizer está muito ligado a quem as pronunciou. Ler este trecho e apenas explicar a você que Bruce Lee se referia a imitarmos a capacidade de adaptação que a água tem, seria mais do mesmo e você não precisaria de mim para lhe dizer isto, não é mesmo? Mas o que realmente importa é quem as proferiu. Bruce Lee foi um ser humano extraordinário e, em seus apenas 32 anos de vida, realizou coisas que eu e você jamais conseguiremos realizar, mesmo que tenhamos mais 100 anos de vida. A primeira lição que quero transmitir a você é que existe um ensinamento muito profundo na primeira parte do texto, que é a capacidade que a água tem de se moldar as situações, isto é fundamental para sobreviver e nos prepara para a próxima ferramenta contida em nosso canivete suíço e que citarei em breve. Lembre-se, não é o mais forte que sobrevive e sim o que melhor se adapta. E independente de sua crença, basta observar rasamente alguns aspectos biológicos da natureza para ver isto. Um bom exemplo são as pequenas mutações que podemos observar na reprodução de alguns animais. A maioria das espécies, a cada ciclo reprodutivo apresenta alguma mudança, seja em cores, tamanho, número de filhotes etc. Isto nada mais é que a natureza testando quem irá se adaptar melhor, o filhote mais colorido ou menos colorido, o filhote maior ou o menor, e aquele que mais se favorecer desta adaptação, é o que natutalmente transmitirá seus genes no processo evolutivo, simples assim. Da mesma forma é conosco e com nosso comportamento diante das adversidades, aquele que melhor se adapta, não só sobrevive, mas também é o único que evolui. Está é a grande mensagem na primeira parte do texto, já na penúltima frase temos a segunda mensagem que se resume na capacidade que a água tem de fluir ou de se chocar, se necessário. Isto que dizer que você pode escolher fluir e se adaptar as condições que lhe são impostas ou ir de encontro, se chocar, com algo que deseje. A lição aqui é que você pode contornar situações ou enfrentá-las quando lhe for conveniente. Nem tudo nesta vida merece ou requer sua atenção e devem ser transpassadas, você deve fluir entre elas e as que requerem resolução você deve se chocar com elas, isto é, enfrentá-las para que sejam resolvidas. Então *"Be water, my friend!"*

Resumo da primeira ferramenta:
1. Ao receber uma informação, veja sua origem para ter certeza de que ela tem valor. Neste caso, a informação vem de Bruce Lee, que foi alguém extraordinário.
2. Seja adaptável.
3. Saiba quando contornar e quando enfrentar algo.

Antifrágil:

A antifragilidade é um fenômeno que foi observado e classificado por Nassim Nicholas Taleb em livro Antifrágil – Coisas que se beneficiam com o caos (2014), por este motivo tudo que será descrito neste trecho sobre o tema está diretamente relacionado às definições por ele feitas. Claro, estes princípios terão minha própria interpretação, julgando através da vivência que tive com a aplicação de cada um deles e assim, transmitindo a melhor compreensão do tema. A obra de Nassim é bastante extensa e densa, então desde já se sinta grato e privilegiado, pois estou lhe entregando tudo mastigado, testado, aprovado e com minhas considerações pessoais. Mesmo assim, recomendo a leitura da obra na integra por valer muito o seu tempo. Sugiro ainda que você siga uma sequência de leitura, lendo primeiramente outra obra sua, que é A lógica do cisne negro (2007), pois ela servirá de alicerce para entender a imprevisibilidade das coisas que levam ao desenvolvimento da antifragilidade.

A antifragilidade, segundo Nassim, consiste na antítese do que é frágil, e leva este nome por não existir uma denominação natural para o antônimo de frágil. Se observarmos a fragilidade e procurarmos seu oposto de forma literal, veremos que não possuímos esta definição. Temos uma inclinação muito grande de definir o oposto de frágil como forte, robusto, indestrutível. Contudo, para ser oposto de maneira literal, algo deve ter todas as características no sentido contrário ao que está sendo analisado. Algo frágil quando exposto a uma ação externa, se quebra, se deforma, se rompe, ou seja, piora em relação ao estado em que se encontrava. Já algo forte, robusto ou inquebrável, ao ser exposto a uma ação externa, não se quebra, não se deforma ou se rompe, apenas suporta e se mantém em seu estado atual, ou seja, não piora ou melhora em relação ao estado em que se encontrava antes da ação externa. Então algo para ser considerado o antônimo de frágil deve ser algo que exposto a ação externa, melhore, visto que o que é frágil ao ser exposto à uma ação externa piora. Em contrapartida, o que é robusto apresenta um comportamento de neutralidade, pois não melhora e nem piora ao ser exposto a uma ação externa. Para esclarecer melhor vejamos um exemplo para cada um dos termos. Podemos utilizar uma taça de cristal para definir a fragilidade, ao sofrer uma ação externa como uma queda, por exemplo, ela se quebrará e perderá sua função, jamais podendo retornar ao estado em que se encontrava. Se utilizarmos o mesmo exemplo a um copo plástico, ao sofrer uma queda, nada em seu estado será alterado, não perderá sua função e nem passará a ser melhor. Para exemplificar a antifragilidade, podemos utilizar nosso próprio corpo, que acometido a agentes estressores como um vírus ou uma bactéria tende a desenvolver anticorpos em nosso sistema imunológico, evoluindo e assim se tornando mais forte. Ainda observando nossa biologia, podemos citar mais dois exemplos, quando nos exercitamos estamos expondo nossos músculos a um estresse que gera micro lesões no tecido, estas micro lesões, ao se recuperarem, tornarão os músculos mais fortes do que se encontravam no estado anterior aos exercícios. E assim permanecerá o ciclo evolutivo dos músculos enquanto estiverem sendo expostos ao estresse dos exercícios. Como segundo exemplo podemos citar uma fratura óssea, que possui um comportamento muito interessante, pois durante o processo de cicatrização óssea, um calo é formado tornando o osso mais resistente. Essa condição retorna à normalidade com o tempo, mas durante o processo de cura, o osso fraturado se torna mais forte. Nassim Nicholas Taleb aponta uma outra relação curiosa entre a antifragilidade e os sistemas naturais, como é o caso da evolução das espécies, que consiste em expor indivíduos frágeis a agentes estressores e conflitos no meio, fazendo com que estes evoluam. Se observarmos, tudo que é natural possui uma correlação direta entre a incerteza, o caos, as situações adversas e sua autorregulação e dissolução através da antifragilidade dos sistemas. O clima, por exemplo, se autorregula após um incidente e geralmente maiores problemas ocorrem quando há intervenções humanas, coisa que falaremos mais profundamente adiante. Se observamos uma relação entre a antifragilidade e os sistemas naturais, podemos observar uma relação entre a fragilidade e os sistemas artificiais, ou seja, os criados pelo homem. A grande maioria dos sistemas artificiais são projetados para prever situações adversas e serem absolutamente estáveis, o que os torna frágeis, pois são incapazes de sobreviver a uma situação adversa que não tenha sido prevista, já que não são capazes de evoluir sozinhos. Em alguns poucos casos, sistemas artificiais complexos podem se tornar antifrágeis, como é o caso da economia, que quanto maior sua exposição a agentes estressores e situações adversas, mais se fortalece, e quando protegida por intervenção humana, se torna frágil. Quando um governo faz uma intervenção em sua economia, por exemplo, ela tende a se tornar frágil, porque se regulada, perde a sua capacidade de se ajustar automaticamente, o que ocorre naturalmente quando exposta a uma ação estressante e sem intervenções.

Agora que compreendemos o que é a antifragilidade, é possível que você esteja se perguntando em que ela será útil para você alcançar seus objetivos. Então aprenda uma simples lição, quando observar algo, sempre se pergunte qual a lição que a situação traz e como ela pode ser aplicada positivamente em sua vida. Constantemente somos expostos a agentes estressores do meio e conflitos provocados por agentes externos. A antifragilidade é a maneira mais inteligente de lidar com estas situações, pois ensina você a tirar proveito do que lhe prejudicaria, simples assim. Nos conteúdos de evolução pessoal, autoajuda, ou como quiser chamar, é muito comum se ouvir falar no termo resiliência, como se fosse algo positivo. O significado de resiliência é a capacidade de voltar a sua forma original após sofrer um impacto ou deformação, ou seja, algo que não evolui na adversidade. Usar o termo resiliência como sinônimo de sucesso é incorreto, pois você não alcançará o sucesso se não evoluir. Na verdade, o máximo que acontecerá se você for resiliente é que aguentará a pancada e retornará ao que você era. Contudo, sendo uma pessoa antifrágil, você aprenderá a utilizar as situações adversas como molas propulsoras para realizar diversas ações importantes. A escolha é sua, ser imutável e resistente como uma rocha ou adaptável e evolutivo como algo antifrágil. A escolha mais inteligente é a segunda opção. Para responder as inquietudes que você deve estar sentindo neste momento, veremos como, na visão de Nassim, podemos nos tornar uma pessoa antifrágil, mas primeiro vou deixar registrado abaixo o que consideramos a tríade que serve de base para o conceito de antifrágilidade:

Tríade:

Frágil: Algo que se quebra, se rompe e se deforma sob ação externa.
Robusto: Algo forte, resistente e inquebrável, mostra neutralidade quando exposto a ação externa.

Antifrágil: Se beneficia de ações externas, evolui quando exposta e aprecia a aleatoriedade e a incerteza.

Vejamos agora um conjunto de conceitos, definidos por Nassim, de como uma pessoa pode ser tornar antifrágil.

- Estratégia barbell: Similar a uma barra de halteres, contendo pesos em seus extremos, a estratégia barbell consiste em colocar de um lado da barra a extrema segurança e do outro lado o extremo risco. Utilizando este conceito Nassim sugere que para se tornar antifrágil, você primeiramente precisa eliminar o que é frágil, assim haverá exposição. Aplicando esta estratégia a investimentos, por exemplo, Nassim sugere que de um lado da barra, o lado da segurança, você invista 90% do seu capital em investimentos altamente seguros, assim você elimina a fragilidade. Já os outros 10% de seu capital você deve aplicar em investimentos de alto risco, mas com grande potencial de ganhos, pois fazendo desta forma você terá a segurança de um lado e as chances de rendimentos maiores no outro, se beneficiando da aleatoriedade. Isto faz muito sentido, pois suponhamos que você aplique 100% de seu capital em um investimento de médio risco, você não terá a segurança e nem as chances de altos rendimentos. Se você observar atentamente e for sagaz, verá que pode aplicar este conceito a qualquer área de sua vida, então dedique um tempo ao estudo de casos em que pode aplicar este conceito.

- A falácia teleológica: A falácia teleológica é como Nassim denomina a ilusão de que sabemos exatamente para onde estamos indo. O erro de achar que sabemos qual será o nosso destino e quais serão nossas preferências amanhã, traz consigo outro erro, que é a ilusão de achar que as outras pessoas também sabem para onde estão indo e que diriam o que pretendem se alguém lhe perguntasse. A verdade é que as pessoas não sabem o que querem até que algo seja mostrado para elas. Por exemplo, pense por quantos anos você viveu sem seu smartphone, sem nunca sentir falta até ter um, e hoje não consegue sair de casa sem ele. A capacidade de trocar de uma conduta para outra, ou seja, compreender que você pode alternar de um estado para outro é uma opção de mudança e a opcionalidade é um dos fatores que nos torna antifrágeis, tornando possível que nos beneficiemos com o lado positivo da incerteza, sem os graves danos equivalentes ao lado negativo. É ela que faz com que as pessoas funcionem e cresçam. A antifragilidade adora a aleatoriedade e a incerteza. É melhor ser antifrágil e aprender com tentativa e erro do que tentar estar certo o tempo todo em um ecossistema frágil, visto que a previsão é impossível. Você não precisa estar certo o tempo todo, tudo o que você precisa é de sabedoria para fazer escolhas inteligentes para não se machucar e saber reconhecer resultados favoráveis quando eles ocorrerem.

- Arriscar a própria pele: Termo muito utilizado em inglês como *skin in the game,* consiste em dar credibilidade em quem aplica para si o que fala. Você confiaria em um profissional que não segue o que ele mesmo diz? Pessoas assim não agem de acordo com o que falam e tratam as pessoas como não gostariam de ser tratadas. Arriscar a própria pele significa que se você dá uma opinião e alguém a segue, você é moralmente obrigado a ser exposto as consequências do que falou. Significa que se você inflige risco a outras pessoas e elas são prejudicadas, você deve pagar um preço por isto, portanto confie em quem arrisca a própria pele nos negócios. Você não deve perguntar às pessoas qual a opinião sobre um ativo, mas sim o que ela tem na carteira. Um bom exemplo de *skin in the game,* eram os engenheiros romanos, que após terminarem a construção de uma ponte, moravam embaixo dela durante um tempo. Assim, caso sua obra não fosse bem construída, a ponte cairia sobre o engenheiro, que pagaria com a própria vida e Roma teria um engenheiro ruim a menos. Por este motivo, ainda nos dias de hoje, podemos contemplar obras espetaculares que transcendem gerações como o coliseu, por exemplo. O mundo está cheio de pessoas que emitem opiniões sobre assuntos que não tem a menor experiência, como políticos que sugerem ações no sistema público de saúde, mas utilizam convênios particulares, ou corretores financeiros que recomendam uma ação, mas não a incluem em seu portfólio de investimentos pessoal, e estas são as pessoas que não devem ser levadas a sério. Cada formador de opinião deve colocar a pele em risco na eventualidade de danos causados pela confiança depositada em sua informação ou opinião. Segundo Nassim, uma pessoa se torna mais respeitável e mais digna quanto mais riscos ela estiver disposta a enfrentar em prol dos outros.

☐ Via negativa: Você já sentiu vontade de comer algo e não sabia o que exatamente? Digamos que ao invés de você definir o que quer comer, comece a listar o que não quer naquele momento. Não sei o que quero comer, mas sei que não estou a fim de lanche, pizza, salada, etc. Quando você elimina o que não quer, você está utilizando a via negativa. Quando não conseguimos dizer o que uma coisa é, podemos dizer o que ela não é. Para Nassim, as pessoas bem sucedidas hoje são aquelas que utilizam o lado negativo, por exemplo, quando interpretam que as pessoas ficam ricas por não irem a falência, que um jogador de tênis ganha quando não perde a partida, e assim por diante. Da mesma forma é com o conhecimento, isto é, para aprender você precisa remover o que está errado. Repare no mundo tudo o que te rodeia, perceba com clareza que nós conhecemos muito mais o que está errado do que o que está certo. Em outras palavras, melhoramos mais nosso conhecimento quando subtraímos o que é ruim, mais do que quanto acrescentamos o que é bom. Estar longe de uma pessoa ignorante é equivalente a estar acompanhado de uma pessoa sábia. Então, antes de procurar acrescentar algo em sua vida, procure se livrar daquilo que não te beneficia. Outro ponto apresentado por Nassim na via negativa, é que menos é mais, quanto mais simples for um método mais eficiente ele tende a ser. Usando este conceito nas tomadas de decisão, se você tiver mais de uma razão para fazer algo que é óbvio, como se casar com alguém por exemplo, é melhor que não se case, pois se você está buscando mais de uma opção para uma situação óbvia, quer dizer que você está tentando se convencer a fazer algo que não é certo e que não faz sentido para o seu propósito.

- **Intervencionismo ingênuo:** Pode ser definido como a vontade de ajudar sem buscar o equilíbrio entre os benefícios e os danos que ela pode causar. Muitas vezes pequenas intervenções podem tornar algo simples em algo grave, como uma intervenção cirúrgica por exemplo. Podemos utilizar também como exemplo, o uso de medicamentos, que às vezes causa mais danos e efeitos colaterais do que a causa para a qual estão sendo utilizados como tratamento. Se você não sabe as consequências que uma intervenção terá, talvez seja melhor não a fazer. A maior parte das tentativas que fazemos para tentar melhorar as coisas, correspondem à negação da antifragilidade, pois ao negá-la estamos afirmando que somos necessários para fazer as coisas funcionarem. Precisamos evitar ficar cegos para a antifragilidade natural dos sistemas e sua capacidade de cuidar de si mesmos. Devemos lutar contra a nossa tendência de prejudicá-los e fragilizá-los por não lhes dar a chance de fazer isso.

- **A lógica dos cisnes negros:** Cisnes negros são acontecimentos imprevisíveis e irregulares em larga escala e que geram grandes consequências. São imprevistos pelo observador, que é surpreendido e prejudicado por tal evento. O conceito central de cisne negro é que antes da descoberta da Austrália, acreditava-se que todos os cisnes eram brancos, pois afinal ninguém nunca havia visto um cisne de cor negra. Não era possível prever que o cisne negro existia antes de ele ter sido visto pela primeira vez. Estes raros eventos como o primeiro cisne negro, acontecem com mais frequência do que imaginamos, e nossa mente é programada para lidarmos com o que já vimos antes. Para Nassim, a natureza é uma especialista em eventos raros e é a melhor administradora de cisnes negros que há, pois conseguiu sobreviver por bilhões de anos sem instruções a respeito de como lidar com o desconhecido. A antifragilidade, além de ser o antídoto para o cisne negro, permite que nos tornemos menos temerosos em relação às incertezas e compreendamos que estes acontecimentos são necessários para a história. Ao pensar que tudo é incerto, você se torna mais concentrado em seus afazeres e toma mais cuidado com sua saúde, com suas finanças e com a sua vida em geral. Não sou a primeira nem a última que lhe dirá em sua jornada que a estabilidade não existe. Achar que você possui estabilidade em alguma área de sua vida é acreditar numa ilusão e ficar totalmente despreparado para as adversidades. O melhor jeito de combater um cisne negro é a informação, visto que uma pessoa ignorante está muito mais sujeita a ser pega de surpresa por um evento desses.

- "Extremistão": Para compreender melhor os impactos das incertezas, o conhecimento humano pode ser dividido em duas áreas principais da aleatoriedade, separando em dois grupos os principais eventos improváveis em nossas vidas. O primeiro é o "mediocristão", descrevendo um mundo onde as médias são a regra. Neste mundo a quantidade de dados é tão grande que nenhum fato isolado irá alterar o padrão de como as coisas funcionam. Neste modelo os dados não são escaláveis, visto que esses dados têm limites mínimos e máximos em que podem chegar. Exemplos de dados do mediocristão, são informações físicas, e coisas que possam ser medidas e possuem um limite, como seu peso e sua altura. Já o "extremistão" é o território dos extremos. Neste território as informações são tão desproporcionais que apenas uma observação pode impactar muito nossas observações e deturpar nossa capacidade de fazer previsões. Segundo Nassim, tudo que está preso a um planejamento tende a falhar justamente por causa destes atributos. O mundo é muito aleatório e imprevisível para que uma política se baseie na visibilidade do futuro, portanto uma pessoa fica inclinada a se enganar com as propriedades do passado.

A Lei da Atração:

Se você busca conhecimento para ter sucesso em sua jornada rumo à independência financeira, como você fez para encontrar e começar a ler este livro, por exemplo, com certeza em algum momento deve ter se deparado com a lei da atração. A famosa lei da atração já deve ter sido apresentada a você, seja em algum livro, em algum depoimento de pessoas bem-sucedidas ou até por criadores de conteúdo falando sobre o tema. Um assunto assim tão polêmico deve ser tratado com muito cuidado e conhecimento por parte de quem deseja emitir uma opinião a respeito, e é isto que vou fazer neste trecho. Já adianto que não invalido a lei da atração, mas explicarei como visualizo o assunto e como vejo que ela me favorece. Para que possamos falar sobre a sua utilização preciso explicar o que ela significa e qual sua história. A lei da atração não é um assunto novo, ela vem sendo apresentada de diversas formas por muitos escritores ao longo da história e só veio a ter este nome e ganhar notoriedade mundial em 2006, através do livro *The Secret* da escritora Rhonda Byrne. Neste livro, a lei da atração é apresentada como um método simples e eficaz de conseguir tudo o que se quer apenas utilizando a força do pensamento, onde seus pensamentos emanam para o universo seus desejos e, por isto, tudo que você possui em sua vida foi atraído por você. O universo, segundo a autora, não faz distinção de bom ou mal, ele apenas traz para sua vida exatamente o que sua mente projeta, então basta pensar da forma correta que, como num passe de mágica, tudo que você deseja se materializará em sua vida. Segundo Rhonda, não importa quais sejam os seus desejos, tudo é possível, seja dinheiro, fama, saúde, curas, o amor perfeito, tudo lhe é possível se você aprender o método ensinado em seu livro e aplicar de forma contundente. O livro apresenta uma série de figuras históricas e depoimentos de pessoas bem-sucedidas, que supostamente usaram este método, como se fosse um segredo oculto, restrito apenas a algumas pessoas e cria-se esta atmosfera de segredo para que valide a ideia do livro e gere conteúdo suficiente para encher mais de cem páginas. Após apresentar as figuras históricas e pessoas bem-sucedidas detentoras deste "segredo", a autora dá um segundo passo para aprofundar a narrativa do livro e validar a veracidade da lei da atração, que é apresentando depoimentos de pessoas que tiveram suas vidas mudadas após comprar seu livro e utilizarem o conhecimento do segredo que foi revelado. No decorrer da leitura do livro, quando chegamos neste ponto, nós já estamos ou muito iludidos com todas as promessas de uma vida maravilhosa sem que seja necessário mover um músculo sequer, ou arrependidos de ter desperdiçado todo o tempo dedicado a um assunto que, no momento, achamos um monte de baboseiras. Como falei acima, eu não invalido a lei da atração, pois de uma certa forma ela funciona, mas vou explicar como foi minha experiência com ela e as conclusões que tirei ao aplicá-la em minha vida. Na primeira vez que li, me arrependi amargamente de ter gastado meus vinte e nove reais naquele livro, fora o tempo que desperdicei da minha vida, como diria o Chaves no cinema: - Teria sido melhor ir ver o Pelé, fazendo referência ao filme do Pelé que estava sendo exibido na mesma época do fatídico episódio. Após os arrependimentos momentâneos, guardei o livro em minha estante, onde ele ficaria por longos anos e segui a minha busca pelo conhecimento lendo livros de pessoas bem-sucedidas, *best-sellers* e tudo relacionado a dinheiro. Me eduquei quanto ao conhecimento técnico sobre dinheiro e economia, me eduquei sobre *lifestyle,* vendas e tudo mais que as pessoas que estavam onde eu queria chegar, supostamente fizeram. Depois de ter lido quase setessentos livros voltados para o sucesso, observei em diversos deles um mesmo padrão, que para minha surpresa poderia ser considerado como tal da lei da atração. Confesso que fiquei bastante surpreso, pensei comigo, será que eu estava cego e a chave para o sucesso estava bem em frente aos meus olhos todo este tempo e não vi? Fiquei surpreso, mas não com o grande "segredo" revelado, mas sim com o quão mentirosas eram as afirmações do livro de Rhonda Byrne. Após este "estalo" de conhecimento que tive, peguei o livro *The Secret,* que estava parado em minha estante a anos e o li novamente para ter certeza de que não estava sendo injusto. Mas felizmente eu estava certo, o livro não passa de charlatanismo. A má-fé existente nele não provém da lei da atração em si, mas sim de como ela é "vendida", prometendo a fantasia de conseguir tudo que se quer, não fazendo absolutamente nada, apenas desejando ao universo. A lei funciona sim, e explicarei o porquê, mas se você acredita nela como foi apresentada por Rhonda e de alguma forma se sentiu ofendido com o que falei acima, sugiro que pare com a leitura deste livro e vá esperar seus cheques chegarem pelos correios com o universo assinando o remetente. Alguns gurus da lei da atração modernizaram o meio de pagamento e agora dizem estar recebendo Pix quânticos! E não, não estou brincando. Pode pesquisar, esses gurus realmente existem. Sinceramente é de dar pena, mas nada posso fazer a respeito, pois cada um acredita no que quer. Agora se você acredita que pode reprogramar seu *mindset* e batalhar pelos seus sonhos, aí sim o que você verá a seguir lhe será útil. A verdade sobre a lei da atração e a maneira honesta como ela é apresentada por autores sérios é como apenas um método, um modo de ver as coisas que ajuda a reprogramar seu cérebro e colocar você no caminho das suas conquistas, exatamente como estou fazendo neste livro. O ato de idealizar as coisas, escrevê-las e se preparar para recebê-las, inconscientemente coloca você no caminho de seus sonhos e faz com que suas ações sejam baseadas nisto. Aprendi que tudo criado pelo homem sempre é criado duas vezes, uma vez no campo das ideias e outra vez no mundo material. Tudo, absolutamente tudo o que você pode tocar que seja de criação humana, foi uma vez pensada, idealizada e depois construída. E este é o grande segredo da lei da atração, primeiro você pensa, depois internaliza, depois começa a fazer escolhas e tomar ações baseadas nestes pensamentos e, com sabedoria e trabalho, suas ideias e sonhos se tornam conquistas. Fiz e faço uso da lei da atração, se assim preferir chamar, até hoje e vou lhe explicar agora como faço para ter ótimos resultados com ela, veja a lista abaixo:

1. Tenha o hábito de escrever suas ideias, porque escrevê-las ajuda a fixá-las em sua mente.

2. Imagine-se realizando seus sonhos e comece a tomar pequenas ações na direção deles. Se seu sonho é ter um carro e no momento não é possível, compre um chaveiro que você irá usar quando estiver com as chaves do seu carro, por exemplo. Este simples gesto

coloca seus pés no caminho de conquistar seu carro, daí em diante, basta começar a agir!

3. Seja grato em tudo e agradeça as ideias e desejos que você tem. Recomendo que crie um caderno de agradecimentos e coloque nele suas intenções, escreva agradecimentos pelas coisas que você já conquistou e pelas que ainda irá conquistar, isto fará com que sua atenção esteja voltada para seus objetivos.

4. Busque o conhecimento necessário para que você possa realizar seus sonhos. As pessoas acreditam que precisam ter dinheiro primeiro para depois ser alguém melhor, mas na realidade você precisa ser alguém melhor primeiro para depois ter algo. Tudo o que deseja você precisará pagar para ter, e os recursos necessários para conseguir pagar você irá obter através do conhecimento que adquiriu, ou seja, primeiro você precisa ser para depois ter.

Lei do Retorno

Talvez um dos ditados populares mais conhecidos seja o famoso "aqui se faz, aqui se paga", usado geralmente para comemorar a desgraça alheia, como se um carma tivesse acometido o indivíduo baseado em seus maus atos. Diríamos que existe uma lógica sim dentro deste dito popular, e que ele independe de crenças ou religião, pois pode ser facilmente constatado utilizando a simples ferramenta da observação. Os valores empregados neste ditado são apenas uma das faces de algo muito maior chamada de a lei do retorno, e veremos que é uma das ferramentas mais poderosas para que você consiga o que quer. A lei do retorno tem uma lógica muito simples, pois consiste apenas em uma resposta, um resultado gerado após algum tempo a uma ação que tomamos. Este tempo pode ser milésimos de segundos ou até mesmo uma vida inteira. Para explicar bem o que quero dizer, usarei um exemplo de uma semente. Uma semente é um recipiente, nela está contido tudo o que é necessário para assegurar o futuro da espécie que ela corresponde. Dentro dela estão contidos raízes, caule, folhas, flor, fruto e semente, isto é, ela é a promessa de futuro para a sua espécie, uma proposta de sustentabilidade de algo que contém tudo que ela precisa para o amanhã. Tendo isto em mente, uma semente quando semeada, dará como resultado uma nova planta igual a que a gerou, não podendo esta dar origem a uma planta de outra espécie. Podemos observar isto de forma clara e inquestionável e tendo estes valores como parâmetro, podemos compreender que a lei do retorno, na verdade é a lei da semeadura. Se eu preciso de dinheiro em minha vida, eu preciso semear dinheiro, não pense que semeando trabalho por exemplo você colherá dinheiro, pois uma semente gerará algo da mesma espécie que a originou. A tudo neste mundo aplica-se esta regra, se você deseja ter saúde, precisa escolher uma vida mais saudável primeiro, se deseja ter mais amor em seu casamento, precisa primeiro tratar sua esposa ou marido com amor. Da mesma forma, se deseja ter dinheiro, precisa investir dinheiro. Veja que você pode usar seu trabalho para ganhar dinheiro, mas este não será suficiente para que você fique rico, se não o empregar corretamente. É preciso que isto fique claro, pois o objetivo aqui é que você seja rico. Se apenas trabalho duro deixasse alguém rico, eu cavaria um buraco sem fim no meu jardim e em um mês chegaria aonde cheguei e o faria sorrindo, pois lhe garanto que assim teria sido muito mais fácil. Então a lição aqui é simples, você precisa refletir nas ações que toma, pois elas lhe darão um resultado no futuro. E se você não gosta dos resultados que está colhendo, observe que a totalidade, ou pelo menos a maior parte deles, foi você mesmo quem semeou.

A Lei da Reciprocidade

Para compreender como a reciprocidade funciona e como ela age no cérebro humano para usá-la a seu favor, primeiramente você precisa entender que a única profissão que existe no mundo é a de vendedor. Todo mundo está vendendo alguma coisa, não interessa qual a área de atuação, pois se você não sabe vender, não conseguirá ganhar dinheiro. O ato de vender não está diretamente ligado a um produto ou a um serviço apenas, mas sim ligado a tudo o que o poder pode tocar. Você pode vender um livro, um carro, um serviço de consultoria, uma ideia, e em todas as relações humanas onde exista troca de poder, algo está sendo vendido. Compreendido que o ato de vender está ligado a troca de poder, podemos falar agora sobre a lei, o gatilho da reciprocidade, e ao final deste trecho você entenderá o porquê é tão importante que isto seja compreendido antes de começarmos. O gatilho da reciprocidade é o mais utilizado e difundido dentre os players do marketing digital. Há quem diga que ele é até obrigatório e, realmente, ele é muito efetivo, por isso você deve aprender sobre e usar a seu favor. É comprovado que nós temos esta programação mental, quando agregamos valor a uma pessoa, esta naturalmente quer agregar valor a nós também de alguma forma. Isto é tão verdadeiro que alguns clientes que tenho, por se sentirem gratos, compram meus cursos e mesmo após muito tempo nem sequer chegam a abrí-los, pois os compraram apenas em agradecimento a alguma mudança positiva que eu tenha feito em suas vidas. Eu não estou inventando isso, pois de fato tenho acesso às informações na plataforma sobre os acessos de cada aluno e também sobre os *feedbacks* de agradecimento. Vejamos então o poder imenso que isto tem. Quem possui os melhores resultados são aqueles que conseguem sempre agregar valor aos outros, pois passa a ter estas pessoas em sua carteira. Lembre-se sempre que existe uma relação de troca, algo está sendo vendido. E aprenda que não existem favores de graça, mesmo que você não queira receber, automaticamente, ao fazer um favor a alguém, este alguém naturalmente cria em sua mente uma dívida com você e aqui é que vem a grande lição. Aprenda em qual lado você deve estar para ter sucesso, do lado que favorece ou do que é favorecido. Do lado de quem favorece, sempre possuirá algum tipo de poder sobre quem é favorecido e pessoas bem-sucedidas não deixam assuntos sem resolução para traz, pois desejam ser livres e dever um favor a alguém não é ser livre. Nesse sentido, você deve usar o gatilho da reciprocidade com as pessoas para conseguir o que quer, mas não deve deixá-las usar com você. Quando viajo para outro país, eu não fico na casa de amigos, eu pago meu hotel. Quando saio para jantar com alguém, eu pago a conta. Eu não deixo que este gatilho seja imputado em meu subconsciente. Não existem favores de graça, então não peça favores.

Método da Autoafirmação

Você sabe quem é?
Qual o tamanho dos seus sonhos?
Qual o seu propósito no mundo?
Você sabe, em seu coração, quem deseja se tornar?

Todas estas perguntas não podem ser respondidas por outra pessoa a não ser você mesmo e provavelmente você não tenha as respostas para elas. Todos nós somos seres em construção e, mesmo que se saiba quem se quer ser, demora muito tempo para se tornar quem se deseja. Este trecho trata da importância da reflexão de quem somos e de onde desejamos chegar, como nos portar diante de crises e como retornar ao seu centro quando a ordem das coisas está perturbada. Perceba que não falarei de crenças, religiões ou qualquer tema que envolva a espiritualidade neste momento, pois não é este o objetivo agora. Meu desejo é que compreenda o poder da reflexão, aprenda mais sobre si mesmo e utilize marcadores para achar o caminho de volta. Ou então, se conhecendo profundamente, faça as melhores escolhas para seus objetivos, não deixando que as vontades pessoais te inclinem a fazer escolhas que não te ajudam. A primeira pergunta que você deve responder a si mesmo é quem você é, e apesar de parecer algo complexo, é bastante simples, pois basta observar a si mesmo e as coisas que te definem, nada precisa ser criado para isto, já existe. Para que você tenha um nível de clareza suficiente para responder esta e a outras perguntas será necessário que você desenvolva o hábito de fazer uma reflexão ao final de cada dia, então reserve ao menos trinta minutos ao final de cada dia em um local silencioso e que você não seja interrompido de preferência. Pegue um papel e caneta e escreva as situações que se lembrar que mais tiveram impacto emocional em você, e após ter terminado de anotá-las, escreva na frente de cada uma delas se acha que agiu corretamente e se acha que suas decisões para cada uma delas está de acordo com seus objetivos. Feito isto, guarde tudo e na manhã seguinte veja se ainda concorda com suas avaliações da noite anterior. Este é o primeiro exercício e você não precisa fazê-lo pela vida toda, a menos que você queira, claro. Você deve fazer este procedimento por ao menos uma semana, e terá resultados impressionantes que servirão de amostra para você saber se está decidindo de acordo com suas vontades ou para agradar os outros. Para se conhecer, o começo de tudo é saber se suas escolhas estão te levando onde você deseja chegar ou se estão atendendo a vontade de outras pessoas. Se você quer ter sucesso, primeiro devem vir os seus interesses, as suas escolhas, e depois as escolhas dos outros. As pessoas de sucesso sabem dizer não e escolher em primeiro lugar suas vontades e interesses e depois a vontade dos outros. Depois que perceber se está fazendo a sua vontade ou a vontade dos outros, deve avaliar o que precisa ser corrigido e colocar suas ações e posturas de acordo com suas vontades. Lembre-se de que quando você faz as vontades dos outros e não as suas, você está vivendo a vida de outras pessoas e, obviamente, não a sua. Assim que corrigir o que for necessário, você deve aproveitas os mesmos trinta minutos ao final de cada dia e começar a anotar as coisas que lhe definem. Comece pelas mais simples, como seu nome, sua cor preferida, sua comida favorita e tudo que sejam características e gostos seus. Com isto você criará um manual simples e objetivo de quem você é, desde as coisas simples até as mais complexas. Está é uma ferramenta simples e poderosa para lhe auxiliar a retornar ao caminho quando estiver perdido. Todos nós passaremos por algum momento difícil na vida e ter um mapa para retornar ao caminho correto é bastante favorável. Quando alguém ou alguma situação fizer você se questionar quem você é ou o seu valor, você poderá recobrar sua essência olhando para as características que te definem. Com isto você conseguirá responder a primeira pergunta que é quem você é e ainda terá um guia para retomar o caminho, caso precise. Para responder a segunda pergunta, que é sobre o tamanho dos seus sonhos, basta você se fazer outra pergunta. Em seus momentos diários de reflexão, se questione se seu maior sonho poderia realizado com um milhão de reais. Se a resposta for sim, você sonha pequeno! Para se ter sucesso você precisa aprender a receber as coisas, eliminando os pensamentos que não nos colocam como dignos de algo. Se você acha que algo seria demais para você, você simplesmente não o terá. Nossos sonhos ajudam a determinar nosso propósito de vida e se não conseguirmos nos enxergar como merecedores de todos eles, independente do tamanho, não seremos capazes de cumprir nosso propósito aqui. Para responder a terceira pergunta, que é descobrir qual nosso propósito de vida, devemos prestar atenção nas nossas inclinações. Durante a nossa existência individual, a vida nos dá pequenos sinais que merecem atenção, são predileções que temos para as coisas, assim como sabemos qual nosso tipo de comida favorita, um hobby que nos agrade, ou local favorito. Todas essas predileções são sinais de qual é o nosso objetivo. Muitos chamam isto de vocação, mas a vocação é apenas uma parte do nosso propósito de vida. A definição mais interessante sobre isto que encontrei até hoje, foi descrita pelo escritor Paulo Coelho no livro O Alquimista (1988), ele a chamou de lenda pessoal. Quando nós compreendemos nosso propósito de vida, o caminho fica muito mais claro e mais fácil. E, independente de qual seja seu propósito de vida, você pode ser financeiramente livre, pois isto é uma escolha sua. Já seu propósito de vida está mais ligado ao desabrochar de sua história ao longo de seus dias. A quarta pergunta serve de confirmação para a terceira, pois quando você tiver a resposta, em seu coração, sobre quem você deseja se tornar, que dizer que você conseguiu descobrir o seu propósito de vida e basta encher seu coração de paz e seguir sua jornada.

Este compilado de informações te leva ao autoconhecimento. E somente quando nos conhecemos profundamente podemos utilizar o método da autoafirmação, pois sabemos dentro de nós do que somos capazes. Perceba que não coloco autoafirmação como o ato de tentar se impor para ter aceitação de um grupo ou para buscar autoaprovação para preencher alguma insegurança. A autoafirmação aqui é exaltada pelo seu caráter positivo, que é a certeza de quem se é, certeza de seu propósito e certeza do que se é capaz. O método da autoafirmação consiste em olhar para si diante de momentos difíceis ou duvidosos e dizer eu sou capaz, eu sou grande e este problema é pequeno. O método da autoafirmação também deve ser utilizado como combustível para a motivação, quando desejar alcançar algo, repita para si mesmo que você já alcançou e que é o melhor naquilo. Por exemplo, se você deseja ser escritor, imagine-se como o melhor escritor do mundo, até que você comece a escrever seus livros, aprender com as dificuldades e realmente se torne bom, ou o melhor, em escrever livros.

O Mito da Liderança

Em 2000, mais ou menos 22 anos atrás, eu iniciava minha carreira formal, como empacotador de compras em um supermercado no interior de São Paulo. E durante este processo, tive a oportunidade de observar a competitividade existente no ambiente de trabalho de uma empresa. Na época, muito se falava sobre a capacidade de liderança das pessoas e o quanto esta qualidade era importante, colocando quem a tivesse imediatamente a frente das possíveis promoções que pudessem existir em qualquer empresa. Este fato aguçou meus sentidos e me levou a procurar saber o que uma pessoa necessita para se tornar um líder. Foi então que tive contato com meu primeiro livro sobre assuntos corporativos, que é O Monge e o Executivo, de James C. Hunter, (1989). Este trecho foi criado pela experiência que tive com este livro, que remeteu à minha visão de liderança por alguns anos no início de minha carreira, e que posteriormente eu descobriria que o conceito lá apresentado já estava obsoleto demais, para não dizer completamente equivocado. Ao absorver o conceito deste livro com a atmosfera que habitava os anos 2000 sobre o tema da liderança, logo me deparei com a divisão da liderança em dois conceitos, o da vocação e o da aptidão. No conceito da vocação uma pessoa nasce com o que pode ser chamado de dom, já na aptidão uma pessoa pode adquirir um determinado conhecimento que a torna apta a algo. No caso da liderança, uma pessoa com vocação já nasceria supostamente um líder, e uma pessoa também poderia se tornar um líder por aptidão se adquirisse o conhecimento necessário. Esta divisão imputou, e imputa até hoje, o que chamo de o mito da liderança na cabeça de jovens profissionais, pois há um certo preconceito quanto a ser um líder pela aptidão. Então se você perguntar para qualquer jovem aspirante qual sua principal característica em uma entrevista de emprego, a resposta será liderança. Afinal, ninguém não quer ter nascido líder, todos querem, com toda certeza, ter nascido um líder. Após terem passados longos anos, ter me tornado gerente em diversas áreas e empresário em vários ramos, eu tive a oportunidade de retomar este assunto sobre liderança com um amigo e empresário do ramo de softwares. Nesta conversa discutimos exatamente sobre aptidão versus vocação neste assunto de liderança. Depois de reunir experiências pessoais, com funcionários, empresas, projetos etc., não chegamos a um veredito, porque isso extraiu o maior problema de qualquer grande empresário, que é a gestão de pessoas. Sim, o maior problema enfrentado por empresários que já passaram da casa dos quinze milhões anuais de faturamento não é nem capital, nem estrutura, mas sim a mão-de-obra especializada. Após uma dedicada pesquisa sobre o tema, que envolveu profissionais de psicologia e especialistas em gestão de pessoas, obtive o resultado de que não existem fatores que possam determinar que a liderança por vocação exista e que indivíduos que se tornam grandes líderes devem seu sucesso a experiências que o meio lhes proporcionou. Então, meu amigo, a lição aqui é simples, ninguém nasce líder, mas todo mundo que é líder aprendeu a ser. E se você não está disposto a se tornar um, você vai sofrer um pouco mais para ficar rico, pois os líderes sempre ganham mais que seus liderados.

A ilusão do Ócio Criativo

Você em algum momento já deve ter ouvido falar em ócio criativo e provavelmente foi para justificar um tempo que alguém dedicou a fazer nada, sugerindo que estava fazendo alguma coisa. Até aí, se a pessoa responsável pela cobrança aceitou esta justificativa, é uma escolha dela e ela que terá que se satisfazer com o resultado que lhe será apresentado. A grande questão é que o ócio criativo realmente existe e ele deveria funcionar, se fosse aplicado corretamente e não como uma desculpa esfarrapada para alguém que não está fazendo nada e quer dizer que estava fazendo algo sofisticado. E você sabendo disto, agora não pode, em hipótese alguma, usar isto como desculpa para não cumprir seus objetivos. Digo isto pois este fenômeno é o que mais consigo observar em meus mentorados e alunos, que se iludem com qualquer engodo oferecido por suas mentes, embalado em um bonito papel escrito ócio criativo. A aplicação correta de ócio criativo é você aproveitar momentos que não está performando em *deep work* para produzir ou aprender algo, e não trocar um momento de trabalho aprofundado por algo mais *light* e que te deixe com a sensação de dever cumprido. Para ser mais claro vou usar um simples exemplo do que é o correto e o que é incorreto na utilização do ócio criativo. O ser humano passa em média 16 horas do seu dia em ócio, ou seja, três vezes mais tempo não fazendo nada do que fazendo alguma coisa e a proposta é que você utilize este intervalo de 16 horas para fazer alguma atividade útil e prazerosa do que trocar alguma de suas 8 horas produtivas pelas atividades que são mais agradáveis. Supondo que você gerencie sua empresa durante 8 horas por dia, saia pela manhã e retorna ao final da tarde, após estas 8 horas você irá descansar e pode aproveitar para escutar um *audiobook* de algum livro que lhe agregue conhecimento, por exemplo. Este seria o jeito correto para utilizar o ócio criativo, o jeito incorreto seria você sair mais cedo ou não ir à empresa, para utilizar o tempo para ouvir o *audiobook* e usá-lo de desculpa para si mesmo, te deixando com o falso sentimento de dever cumprido.

Relações humanas e networking

Ao longo da história humana desenvolvemos nossa capacidade de comunicação e evoluímos como criaturas sociáveis, capazes de viver em harmonia e criar relações complexas entre si, com objetos e outros seres vivos. As relações entre os seres humanos ficam em primeiro lugar - ou ao menos deveriam - enquanto relações com outros seres vivos e objetos ficam no rol de relações secundárias. Como seres sociáveis, somos totalmente influenciados pelo meio em que vivemos e as relações com nossos semelhantes está totalmente ligada ao nosso sucesso ou insucesso. A nossa capacidade de adaptação ao meio em que estamos inseridos afeta diretamente nossas decisões. Se você realmente aprendeu algo com este livro, sabe que nossas decisões são responsáveis pelo nosso sucesso ou insucesso. Este fato deve ser observado com muita atenção, pois é comprovado cientificamente que nós somos a média das cinco pessoas que mais convivemos e isto determina se teremos sucesso ou não, visto que as relações fazem parte de nosso meio e elas interferem em nossas decisões. A pergunta aqui é, você está andando com pessoas bem-sucedidas? Perceba que ser bem-sucedido não é apenas ter dinheiro, mas sim ser uma pessoa descente, feliz, amável e intelectualmente privilegiada. Se as pessoas que lhe cercam vivem reclamando da vida, não tem nenhuma perspectiva, ou acumulam fracassos, sugiro que reveja suas relações. Caso contrário, será um milagre que você venha a ter sucesso na vida, ou se tiver, não durará. Aqui começamos a falar da importância da escolha das relações. Eu vou lhe contar algumas experiências pessoais e profissionais, que me custaram muito caro e foram fruto de um duro aprendizado. Hoje prefiro estar acompanhado de pessoas que sejam melhores do que eu em áreas que desejo ser bom, pois é melhor ser pequeno dentre gigantes, que ser gigante dentre pequenos. Quando você está inserido em meio a pessoas que são superiores em alguma área qual lhe interessa, você tem possibilidade crescer. O contrário acontece quando você é superior às pessoas que lhe cercam, a tendência é que você se nivele a elas, baixando seu nível para se adequar à elas, ou seja, regredindo. Vou contar brevemente como a troca de meu círculo social desbloqueou minha ascensão e em menos de dois anos atingi a minha liberdade financeira que vinha buscando a mais de dez anos. Durante minha busca inicial tive diversos empreendimentos que não deram certo, acumulei muito conhecimento, investi em pesquisa, especialização, me dediquei a ser uma pessoa melhor em todos os aspectos, me dediquei a evoluir e nada do que fiz parecia ter resultado até meu último empreendimento. Me associei a um grande amigo e demos início a uma empresa no ramo varejista de alimentos. Aporte inicial feito, confeccionado o plano de negócios e iniciadas as atividades. Após muitos anos de convívio e com sociedade em comum em outros empreendimentos, comecei a melhorar minha rede de contatos e a enxergar novas possibilidades. Aí então começaram os conflitos e eu descobri que eu estar associado a este amigo estava impedindo meus empreendimentos de evoluírem. Anos de confiança nos cegam diante de algumas situações. A importância de romper o círculo social e movimentar as peças no tabuleiro foi tão importante neste caso, pois só assim o apontamento realizado por pessoas que estavam em um estágio superior ao meu puderam abrir meus olhos. Após analisar o resultado da empresa com mais detalhe, comecei a perceber que seria necessária uma auditoria interna, onde identificamos um desvio de dinheiro por parte deste sócio e de sua companheira. No desfecho deste caso, este sócio foi escorraçado e humilhado pelas circunstâncias diante dos demais sócios, que acabaram optando em findar a sociedade, encerrando assim as atividades do grupo. O fim deste "amigo" estelionatário foi deixar de ser empresário, sustentar a si e a sua família à base de um salário que ele nem mesmo escolheu, mas sim foi estabelecido por terceiros o quanto acham que ele vale, por sua falta de confiança e credibilidade. Diante destas circunstâncias, meu círculo social foi rompido abruptamente, dando espaço para que novas pessoas fizessem parte de minha vida e também para que eu colocasse todos os que não favoreciam minha evolução para fora do círculo. A primeira pessoa *high level* a fazer parte de meu novo círculo e que iniciou o expurgo das ervas daninhas, orgulhosamente hoje posso chamar de esposa! Sem dúvidas ela foi a força motriz inicial de todo este processo, qual me alertou sobre os possíveis problemas que futuramente viríamos realmente a encontrar com pessoas de baixo nível no nosso círculo social. A sua entrada em minha vida elevou meu nível, me colocando diante das conquistas que tenho hoje. A lição importante aqui é que você escolha as pessoas com quem se relaciona, principalmente as amorosamente, pois como escreveu Salomão em provérbios 12.4

"A mulher exemplar é a coroa do seu marido, mas a de comportamento vergonhoso é como câncer em seus ossos."

Hoje caminhamos lado a lado, nem atrás e nem adiante um do outro. Depois de a conhecer, me cerquei de pessoas de sucesso e todo meu investimento em conhecimento passou a ser útil, pois começaram a aparecer as chances que eu precisava oriundas do meu novo *networking*.

Para quem quer aprender mais sobre *networking* recomendo a leitura da biografia de Bill Clinton, o ex-presidente americano é considerado por muitos o maior *networker* que já existiu e muitos afirmam que esta habilidade o salvou no caso Mônica Lewinsky. Ele utiliza vários métodos, mas o mais interessante é seu caderninho e as associações que faz. Ao conhecer alguém novo ele pergunta o nome da pessoa, e segue a conversa de maneira que repita o nome desta pessoa ao menos três vezes nos trinta primeiros segundos. Isto faz com que ele fixe o nome da pessoa e jamais esqueça dele. O nome de uma pessoa é algo extremamente importante e tem um impacto de proximidade, gerando uma afinidade instantânea. A segunda técnica que ele utiliza é anotar o nome e três coisas relevantes que ele achou sobre a pessoa, podem ser aspectos físicos, trejeitos etc. Deve ser algo que remeta suas lembranças à aquela pessoa. Bill Clinton utilizava um caderninho, mas você pode facilmente usar seu celular para isto. Além destes dois *hacks* do "tio Bill", existem outros que são excepcionais, mas não direi aqui quais são para incentivar que você leia a biografia dele.

E assim chegamos ao final deste livro, espero ter cumprido com todas as promessas que vimos no prefácio, já que abordamos todos os assuntos na intensidade que foi proposto.

Desejo imensamente que este livro sirva de instrumento para seu sucesso e que você atinja a plenitude de sua independência financeira. Que possa recordar do conhecimento que adquiriu neste livro e lembrar saudosamente dos tempos que seus sonhos estavam em construção. Assim como fiz um dia ao ler grandes autores que me levaram até o topo.

Se você gostou deste livro e o conhecimento lhe está sendo útil, peço que, se possível avalie positivamente este livro na loja da Amazon e deixe um comentário contando sua experiência. Como disse no prefácio, esta é uma publicação independente por acreditar que ir direto ao ponto está muito mais alinhado com o que os leitores deste livro procuram. Estas duas pequenas ações ajudarão muito este livro ser oferecido a mais pessoas na plataforma e assim incentivar a mais pessoas a mudar de vida. Obrigado mais uma vez e é apenas o começo.